那些惊艳绝伦的
海边小镇

NAXIE JINGYAN JUELUN DE
HAIBIAN XIAOZHEN

武鹏程

编著

TUSHUO HAIYANG

图说海洋

世界之大，无奇不有
世界之奇，尽在海洋

海洋出版社

北京

图书在版编目（CIP）数据

那些惊艳绝伦的海边小镇 / 武鹏程编著. — 北京：

海洋出版社，2025.1. — ISBN 978–7–5210–1367–2

Ⅰ. K915–49

中国国家版本馆CIP数据核字第2024XG7854号

那些惊艳绝伦的
海边小镇

NAXIE JINGYAN JUELUN DE
HAIBIAN XIAOZHEN

总 策 划：刘　斌	总 编 室：(010) 62100034
责任编辑：刘　斌	网　　址：www.oceanpress.com.cn
责任印制：安　淼	承　　印：侨友印刷（河北）有限公司
排　　版：海洋计算机图书输出中心　晓阳	版　　次：2025 年 1 月第 1 版
出版发行：海洋出版社	2025 年 1 月第 1 次印刷
地　　址：北京市海淀区大慧寺路 8 号	开　　本：787mm×1092mm 1/16
100081	印　　张：10
经　　销：新华书店	字　　数：180 千字
发 行 部：(010) 62100090	定　　价：59.00 元

本书如有印、装质量问题可与发行部调换

前　言

　　每一个海边小镇都是一本色彩绚丽的书，它充满了历史的韵味，既有海洋的粗犷，也有人间的细腻；每一个海边小镇都是一个故事、一个美丽传说、一段流金岁月，它让人们沉迷、赞叹，忍不住去探寻它的前世今生，欣赏它动人心魄的美。

　　让我们择一海边小镇，在蓝天碧海、春暖花开时漫步其中，感受那里的山、水、沙、岩，让美景荡涤我们的心灵，在轻拂的海风中与它融为一体。

　　喜欢浓烈色彩的，可以去如同油画般、房屋错落有致的意大利的五渔村在碧海蓝天间，体验欧洲古老海边小镇的生活。

　　喜欢海洋生物的，可以去"欧洲观鲸之都"胡萨维克、"热带的企鹅王国"西蒙斯敦、可以与海豚一起游玩的塔马兰，在与鲸和企鹅的嬉戏中感受生命的律动。

　　喜欢探寻历史遗迹的，可以去西班牙的卡达凯斯等，感受这些古老小镇所拥有的独特文化气质，在世界闻名的艺术画廊中感受艺术的熏陶。

　　除此之外，还有"海南古都"昌化镇、"巴厘岛最艺术的文化小镇"乌布镇、"最有灵魂的海岸小镇"昂蒂布、"天堂之路"哈纳和"斐济的天堂"楠迪等，它们或妖娆，或沉静，或热烈奔放，无不有着令人惊艳的美景，吸引人们前去欣赏、驻足，继而沉醉其中，流连忘返。

目　录

亚洲篇

古雷镇 —— 渔民的安居乐土　/1

永宁镇 —— 人文荟萃的著名侨乡　/3

崇武古城 —— 历经 600 多年风霜的古城　/6

博鳌镇 —— 博鳌亚洲论坛永久性会址　/11

石塘古镇 —— 中国的巴黎圣母院　/14

石浦镇 —— 浙洋中路重镇　/18

鹤浦镇 —— 隐匿的人间天堂　/21

润洲镇 —— 独具特色的海蚀风景　/25

图兰奔 —— 纯粹的潜水胜地　/32

乌布镇 —— 巴厘岛最艺术的文化小镇　/35

北荣町 —— 《名侦探柯南》的故乡　/39

瓜镇 —— 兰卡威岛最热闹的地方　/42

普吉镇 —— 普吉岛更具魅力的重要元素　/45

兰塔镇 —— 由小岛点缀的美景　/50

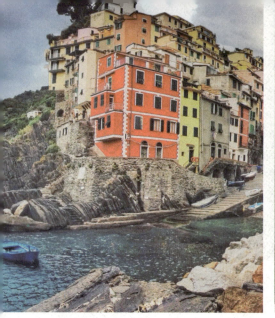

欧洲篇

五渔村 —— 宛如上帝打翻了调色盘 / 53

陶尔米纳 —— 仅需要 1 秒，就能爱上这里 / 61

布拉诺 —— 七彩童话般的小镇 / 66

斯韦特洛戈尔斯克 —— "小欧洲"最文艺的一个小镇 / 70

兰迪德诺 —— 《爱丽丝梦游仙境》的发源地 / 73

昂蒂布 —— 最有灵魂的海岸小镇 / 77

卡达凯斯 —— 被绘画大师达利盛赞的地方 / 82

米哈斯 —— 以白为美的小镇 / 86

维克 —— 一尘不染的绝世黑沙滩 / 89

胡萨维克 —— 欧洲观鲸之都 / 92

费拉 —— 童话般的梦幻小镇 / 95

伊亚 —— 全世界最佳观赏落日的地方 / 99

卡马里 —— 通往精灵魔都之门 / 102

卡斯特罗 —— 最受钟爱的蜜月圣地 / 105

美洲篇

安加罗阿 —— 最神秘的岛上的唯一小镇 / 109

卡波圣卢卡斯 —— 隐藏在"地球的尽头"的古镇 / 116

萨马纳 —— 世界最佳观鲸地 / 121

兰格尔 —— 有 8000 年历史的岩画 / 125

卡梅尔 —— 加州西海岸的童话小镇 / 128

哈纳 —— 天堂之路 / 131

拉海纳 —— 慢节奏生活 / 133

非洲篇

赫曼努斯 —— 南非著名的观鲸小镇 / 136

拉穆 —— 非洲斯瓦希里文化的发源地 / 139

塔马兰 —— 与海豚一起畅游 / 143

大洋洲篇

楠迪 —— 斐济的天堂 / 146

仙女港 —— 宁静、古老而优雅的小镇 / 149

古雷镇

渔民的安居乐土

　　这里的海水几乎没有杂质，蔚蓝清澈，搭配着灰白色的礁石，与天空融合得恰到好处，让游人有种承包了整片海、整个海滩的错觉。

❖ **古雷坡内武圣庙**

古雷坡内武圣庙宏伟壮观，彩绘绚丽，富有闽南庙宇建筑特色，它位于古雷镇坡内村，始建于明万历年间，历代曾有修葺，在清康熙"迁界"时被毁后重建。庙内有漳邑名人黄道周亲笔写的柱联，有较高的文化价值。

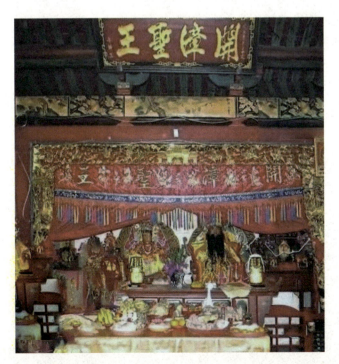

　　古雷镇位于福建省漳州市漳浦县南端的古雷半岛上，三面临海，东面是台湾海峡，西面是东山岛，南面是太平洋，辖区包括整个古雷半岛及附近海域、岛礁。

潮音时至，声如雷鼓

　　古雷半岛呈南北走向，如条带状向大海延伸，长20多千米，宽3~4千米（最窄处仅300米），面积40平方千米。它曾是一座人迹罕至的近岸孤岛，由于泥沙淤积，形成了陆连岛（半岛），全岛由古雷头山、古雷山（包括笔架山、庞尖山）及

❖ **开漳圣王庙**

开漳圣王庙位于古雷镇杏仔村，据传为清朝嘉庆年间东南海上起义军领袖朱濆所建，朱濆在一次战斗中遭敌围攻，得圣王显灵而安全脱险，故建圣王庙以为纪念。自此，圣王庙成为古雷镇及周边民众的香火圣地，至今已有300多年历史。

❖ 古雷海滩
海滩上几乎没有游人，是一个能让自己独享整片海的地方。

周围的沙滩组成。古雷山原作鼓雷山，其断岸千尺，悬崖陡峭，下瞰大海，波浪起，因"潮音时至，声如鼓雷"而得名古雷。还有另外一种说法：因为古雷山高耸海滨，形状如螺，故称高螺，雅称为古雷。

古雷城——曾经的弃土

明朝正德年间，为了抵御猖狂的海寇，朝廷调驻了一个巡检司于古雷，并在古雷南端笔架山南麓建巡检司城。

明末清初，郑成功以古雷、铜山等地为抗清根据地。后来，郑成功驱逐荷兰侵略者，收复台湾。但大陆为清军所控制，实行"迁界"，将沿海划为"弃土"，居民内迁，建筑物尽毁，古雷属"界外弃土"，因此巡检司城被毁，只存残迹。

沿海"复界"后，古雷城才在巡检司城残迹上重新修建，包括著名的妈祖庙、港口妈祖庙、杏仔开漳圣王庙等。这便是我们如今能看到的古城面貌。

古雷镇是渔民们的安居乐土，因为拥有丰富的旅游资源，日渐成为旅游热点，人们来此除了能感受到淳朴的闽南渔家风情外，还能欣赏到如仙境般的海岛风景。

明崇祯六年（1633年）九月，荷兰武装商船勾结闽海武装走私团伙，连日在沿海扰乱。初六日傍晚，守将傅元功领官兵至古雷，见荷兰船靠岸，即令朱昆等带领30余名冲锋兵放铳喊杀，荷兰武装商船慌乱而逃，跳下海者被官兵杀死无数，被擒30余名。隔日天明，荷兰以小艇四面包围官兵，铳弹如雨，朱昆膝部中伤，傅元功中弹阵亡，官兵死伤甚多，所获俘虏尽被夺回。

永宁镇

人 文 荟 萃 的 著 名 侨 乡

永宁镇有绵延数里的黄金海岸，有香火旺盛的城隍庙、独特正宗的闽南风味美食、纯粹的闽南人市井生活、"爱拼才会赢"的闽南人精神和有"中国历史文化名街"之称的老街，更有远近闻名、中西合璧的番仔楼。

永宁镇是福建省石狮市东南部的著名滨海侨乡，位于闽东南泉州湾与围头湾中部的深沪湾北畔，与我国台湾地区隔海相望。

除了永宁古卫城外，永宁镇著名的历史古迹还有朝天寺、玉皇阁、伊斯兰教圣墓、观日台、沙堤石笋等。

寓意永得安宁

永宁镇是石狮市的一个古镇，永宁古称"水沃"，唐时称"高亭"，宋时称"凉恩亭"。南宋乾道八年（1172年），为防外患，在此建水澳寨，称"永宁寨"，寓意永得安宁。

著名的古代泉州航海灯塔就位于永宁镇，永宁古卫城拥有600多年历史，也是泉州古代规模最大的古卫城，为中国三大古卫城之一，与天津卫、威海卫齐名，后被倭寇多次攻陷。永宁经历过倭寇以及清朝军队多次洗街（即屠城），

❖ 永宁镇海边

❖ 永宁古卫城

明洪武二十年（1387年）筑永宁卫城。永宁卫下辖崇武、福全、金门、高浦、中左（厦门）5所，为泉南屏障。

❖ 永宁镇古民居

番仔楼样式多种多样，多用钢筋混凝土、石块、闽南红砖、杉木等按照泉州传统古大厝格局要求建造，细部装饰如对联、拼砖、剪瓷画、石雕、木雕、灰塑、壁画等采自泉州传统工艺，番仔楼在全国范围内具有独特性，像一朵璀璨的建筑之花，洒落在以泉州为核心的闽南地区。

❖ 番仔楼

抗日战争时期多次被日本舰队和飞机轰炸，清朝和民国时期是泉州商业较为发达的一个镇子。

传统民居

永宁镇的陆地面积为28.6平方千米，现有常住人口4.6万人，海外及我国台湾地区、香港地区、澳门地区的永宁籍侨亲有5万多人。

永宁镇地界多石材，所以民居大部分是用石头结合红砖、水泥建造的，还有许多早年去南洋经商回来的人盖的南洋风格的洋楼（洋楼俗称番仔楼）。数百年来，南洋的建筑风格与泉州的建筑风格相互借鉴，融合成泉州传统特色的民居风格，而且几乎成为整个闽南建筑风格的代表。永宁至今仍保留着非常完整的古街道，两条贯穿东、西、南、北的街道把4个城门分成4个方块，状如鳌卧沙滩，故又有"鳌城"之雅称。

❖ **永宁镇鳌城书院**

　　永宁镇钟灵毓秀，人杰地灵，是人文荟萃的著名侨乡，厚重的历史赋予了永宁镇丰富的文物遗产和深厚的文化底蕴。此外，永宁镇地处亚热带，四季常青，气候温和，冬无严寒、夏无酷暑，是除了感受历史人文之外，度假的好地方，泉州有名的石狮黄金海岸便坐落于永宁镇海滨。

　　据传明时倭寇血洗永宁古街，当天狂风暴雨大作，血水高涨，冲刷古街。因此，每年的4月20至24日，当地人都会挑水清洗古街，进行祭祀，俗称"陷城洗街"。

　　1940年7月16日，日军突袭福建惠安崇武、石狮永宁（时属晋江县）等地，一路烧杀掳掠，犯下了滔天罪行，制造了一桩骇人听闻、震惊海内外的血腥事件，史称"七一六"惨案。

❖ **永宁镇财神庙**

永宁镇自古以来经商的人很多，所以这里的人非常敬奉财神。

❖ **民居上的匾额**

在永宁镇的古宅上，几乎每家每户的门匾都各不相同。每家每户保留下来的古匾都会流传下去，很少会去拆掉或者重建，在闽南人的心里，宗祠凝聚着每一位红砖匾中家族成员的魂灵，传承关于家的荣耀。

崇武古城

崇武古城海域遍布岛屿、礁石、沙滩，地形复杂，易守难攻，是一个战略地位十分显著的国防要塞，历来为兵家必争之地，如今是壮美与秀丽并存的旅游胜地。

崇武古城因城呈荷花状，城中有莲花石，又称莲城。城西侧的港湾似江流，又称江城。郊区以铺首村庄命名，称溪底铺。

崇武古城坐落于福建省泉州市惠安县东南海滨，夹在湄州湾与泉州湾之间，濒临台湾海峡，其海岸蜿蜒起伏，连接半月湾和西沙湾，被称为"中国八大最美海岸线"之一。

崇武古城

崇武古城地处福建省东南沿海突出部，是"东海南海气象分界线"，古名小斗，以村空所处地形似斗而名，后被音讹为小兜。宋朝时先后在此设巡检寨、小兜寨。元朝时改巡检司、行满乡等。明朝时在此建崇武城，意为崇尚武备。

明代守丞丁少鹤曾有诗句赞道："孤城三面鱼龙窟，大岞双峰虎豹关。"

如今，崇武古城是最早对台贸易的港口，也是我国台湾地区汉族同胞重要的祖籍地之一。崇武被列为首批闽南沿海开发区工业卫星镇，是国家 4A 级风景名胜区、石雕之乡和历史文化名镇，知名景点有崇武古城、崇武石雕工艺博览园、天下第一庙等。

❖ 崇武古城

❖ "中国·崇武东海南海气象分界线"界碑

该界碑矗立在崇武古城东南角。

❖ 江夏侯周德兴

江夏侯周德兴戎马一生，为明王朝立下了汗马功劳，但他教子无方，最终因为儿子犯错而被童年的伙伴、当时的皇帝朱元璋斩首以维护法纪。

崇武古城的由来

崇武古城是一座明代石城，它是我国仅存的一座保存最完整的海滨石城，其最大特色是古城与大海浑然一体。它比较完整地见证了中国海防历史。

明洪武二十年（1387年），崇武守将江夏侯周德兴为了防备海盗和倭寇骚扰，在崇武修建城池，其后经过多次增筑维修。嘉靖三十七年（1558年），该城遭到了倭寇连续6天不停歇地攻城，最终沦陷了，百姓生命财产都遭到了严重的损失。

明隆庆元年（1567年）四月，抗倭英雄戚继光在此屯兵，兴修城防，建立起一套完整的军事制度和城防设施。倭乱平定后，崇武也成了东南沿海的重镇。这里的"护龙宫""崇山宫""崇报祠""元饲宫""十二爷宫"等都是古城军民为纪念抗倭牺牲的

❖ 崇武古城内的武功大夫府第

❖ 海潮庵

始建于宋朝的海潮庵。

❖ 古城内的石雕——白猫、黑猫

英雄而建造的。到清代又进行了大规模的整修，如今崇武古城的城墙已经失去了军事作用。

1983 年，国家拨款将崇武古城长期废弃的城墙进行了全面修复。

古城弥漫着沧桑

崇武古城历经 600 多年的风霜，如今依旧屹立在崇武半岛之上。古城内保存着宋、明、清历朝所修建的寺庙、庵堂 30 多座，有宋代的"云峰庵""水潮庵"（现在又改叫"海潮庵"），有明代的"关帝庙""东岳庙"，也有敬奉妈祖娘娘的"天妃宫"，以及纪念当地有功人物的"灵安王庙"等，这些古建筑增添了古城古朴优雅和沧桑的气息。除此之外，在崇武古城还有一座与众不同的庙，被誉为"天下第一庙"。

❖ "锁镇海邦"

戚继光曾为之题匾"锁镇海邦"，郑成功曾在此挥师东渡，收复台湾。

天下第一庙——不供神、不供佛的庙

天下第一庙位于崇武古城边上，临海而立，这座庙内既没有道士，也没有和尚，不供菩萨、不供神、不供祖先，只有27尊解放军战士塑像，这便是全国独一无二、世界绝无仅有的、专门为牺牲的军人建造的庙宇。

❖ 天下第一庙

这座庙宇的建造来自一个真实感人的故事：1949年9月17日，解放军战士和往常一样，在惠安崇武练兵，突然有几架国民党军队的飞机飞来，用机枪疯狂地向集市扫射，人群四散开来，一个13岁的小女孩一边奔跑，一边哭喊着找妈妈。飞机此时就在她的头顶上方盘旋，情况万分危急。为了保护群众的安全，战士们顾不及躲避，架起机枪向空中扫射国民党军队的飞机，其中5名解放军士兵，不顾一切地扑向小女孩，用身体挡住了子弹。小女孩得救了，而5名解放军士兵却牺牲了。

20世纪90年代末，著名美术家洪世清以古人诗句"孤城三面鱼龙窟"为名，以滩头、水中礁石及海岸岩石，雕刻了150多件海生动物和30多件名人题写镌刻。

❖ "鱼龙窟"岩雕

这次战斗中，一共有 27 名解放军战士光荣捐躯。

1993 年，当年被救的小女孩拿出自己所有的积蓄，卖掉了自己全部的金银首饰，筹集了 6 万元，又在当地政府和村民的大力支持下，经过 3 年时间，建成了这座全国独一无二的"解放军烈士庙"。

登高远眺惠安女

闲步崇武古城，任意一个拐角都有机会触碰、倾听历史。登上古城最高处，可将崇武海岸尽收眼底：满眼奇异的礁石、半月沉湾、白鹤开天、西沙银蛇、狮石晚照等古镇美景，还有港口渔市上忙碌的惠安女，她们头戴黄斗笠，披着花头巾，与蓝天白云相映成趣。夕阳西照下的整个海湾，好像被涂抹上一层充满诱惑的色彩，带给人一种悠远的意境，人与自然完全相融。

2006 年，惠安女的服饰被列入国家级非物质文化遗产保护名录中。

❖ **惠安女雕塑**
早期，惠安女有"不落夫家"的遗俗，结婚后也不在夫家住，她们仍然住在娘家，直到生了孩子后才会和丈夫搬到一起住。

博鳌镇

博鳌亚洲论坛永久性会址

博鳌镇远离都市喧嚣，环境幽雅、静谧，小镇所在的东屿岛与玉带滩隔水相望，一动一静，更为小镇增添了许多迷人的意境。

博鳌镇位于海南省琼海市东部海滨的万泉河入海口，距离海口市 105 千米，距离三亚市 180 千米。博鳌镇的面积为86.75 平方千米，人口 2.9 万人，辖 17 个行政村，是海南省著名的"华侨之乡"和"十大文化名镇"之一。这里的主要商业设施几乎都集中在镇中心，开车去哪里都方便。

❖ 鳌

鳌：一种说法是龟头、鲤鱼尾的鱼龙；另一种说法是海里的大龟；还有一种说法是龙之九子的老大，相传"龙生九子，鳌占头"，为龙头、龟身、麒麟尾。

因滨博鳌港而得名

博鳌镇因滨博鳌港而得名，早在宋代，博鳌就有疍家人在此居住和繁衍生息。当时，博鳌作为一个"浦"的名称，"博鳌"的意思是鱼类丰（多）硕（大），即"鱼多鱼肥"，因此，博鳌浦即是鱼类丰硕之浦，饱含疍家人盼望有一个"鱼多鱼肥"的良好生存环境的愿望。明初称为博鳌浦乡，明末改称为博鳌乡；中华人民共和国成立后，它成为琼海的博鳌区；1987 年，博鳌区改为博鳌镇。

宋代天圣元年（1023 年），疍家人集资在博鳌建起三江庙，此时在此居住的疍家人已有一定规模。

宋朝末年，疍家人的先祖黄九公受命镇守博鳌至铜鼓岭的海疆。他带领士兵和老百姓在博鳌东山用黄土筑成的哨所形如小山丘，被叫作黄楼。黄九公后因守海疆有功而被封为殿前将军。

❖ 博鳌名菜——嘉积鸭

博鳌名菜有嘉积鸭、文昌鸡、万泉河鱼、香辣和乐蟹等。

龙王的腰带——玉带滩

玉带滩位于博鳌镇万泉河入海口，是一个自然形成、向
海中延伸的沙滩半岛。它的西侧是万泉河、九曲江、龙滚河
和东屿岛，东侧是烟波浩渺的南海。玉带滩是世界上最狭窄
的分隔海、河的沙滩半岛，1999 年 6 月被载入《吉尼斯世界
纪录大全》。

玉带滩的基底是一种混合花岗岩，这种石头硬度较大，
可以抵挡海浪长久以来的侵蚀，但是覆于其上、狭长数千米
的沙滩却会随着潮汐大小而变化形状大小，涨潮时最窄处只
有十几米，从远处看去，就像一条美丽的飘带在大海中漂荡，
当地人称之为玉带滩，因为他们相信这处沙滩是龙王的腰带
所化，保佑着琼海一年四季都可以风调雨顺。

❖ 美丽的玉带滩

东屿岛

　　东屿岛是博鳌亚洲论坛永久性会址所在地，它与玉带滩隔水相望，整座岛就像一只缓缓游向南海的巨鳌，岛上植物丰茂，曾经是一个与世隔绝的小渔村，宛如世外桃源，居住着以捕鱼为生的疍家人。岛内同姓不通婚，进出全靠摆渡，与外界鲜少往来。自从 2001 年博鳌亚洲论坛在此召开后，这个原本远离喧嚣的小渔村发生了天翻地覆的变化，摇身一变成了一个旅游度假胜地。

　　除了博鳌亚洲论坛永久性会址和玉带滩之外，在博鳌镇周边还有许多景点，如海滨温泉度假之地东屿岛温泉、供游人休息观海的酒吧公园、有"最美乡村"之誉的博鳌南强村、下南洋衣锦还乡的蔡家森的大院、著名的南海博物馆等。

石塘古镇

石塘镇以融合天工之巧和人工之妙的特色闻名遐迩，路是石铺，街是石造，巷是石围，房是石砌，古朴苍茫、雄浑粗犷，而石块的缝隙里长满了野草和青苔，有一种浩然的阳刚之美和悠远的沧桑之感，整个小镇遗世独立，有一种"结庐在人境，而无车马喧"的意境。

石塘镇三面环海，属于浙江省温岭市辖镇，地处浙江东南海岸线，由原石塘、箬山、钓浜三镇合并而成，是一个古老而神秘的渔村式的海边小镇，曾被称为中国"最美渔村"，还被称作"画中镇""东方好望角""中国的巴黎圣母院"。

❖ 石塘镇的石屋和石板路

石塘镇是由一个个没有分界线的村子组成，被弯弯绕绕、上上下下的石阶小路连接。

❖《石塘山下人家》

著名画家吴冠中1982年作。以硬笔速写融合彩墨，将《石塘山下人家》呈现眼前，画中的风景，透过粗、细两种笔触，构建出乡村人家与崇山峻岭。

❖ 石塘镇石屋

画中镇

　　石塘镇西北以石塘山为屏，原为一座海岛，故旧称石塘山，据《台州府志》记载："塘多泥筑，少石砌者，惟此塘独砌以石，故即以为全岛总称。"镇中村落、房屋、道路，皆随地势升降用石块垒筑，石屋、石街、石巷、石级、石塘中低边高，错落有致，独具风采。在方圆四五平方千米的山岙里，全是那种"屋咬山，山抱屋"的石砌建筑。著名画家吴冠中曾被这里的风光所倾倒，在此泼墨绘画出著名的《石塘山下人家》。除了吴冠中之外，张仃、阿老、沈柔坚、彦涵、袁运甫等都曾在这里写生，让这个渔村充满了浓郁的艺术气息，因此人们称之为"画中镇"，是画家和美术学院的师生写生以及摄影爱好者取景的胜地。

明代古堡是石塘镇最高、最古老的地方。其古朴苍茫、雄浑粗犷，给人一种浩然的阳刚之美和悠远的沧桑之感。

❖ 沈柔坚

沈柔坚（1919—1998 年），福建诏安人。早年学中国画，继学西画，20 世纪 30 年代中期又学版画。抗日战争爆发后参加新四军，从事美术创作。历任军部战地服务团绘画组组长，华东《大众日报》美术研究员等。曾任上海市文联副主席等，代表作品有《拉纤者》《拾草》等。

另一说法，古镇分布着酷似欧洲中世纪古城堡的石堡楼，一般有二到三层高，其别具一格，因此被誉为"中国的巴黎圣母院"。

中国的巴黎圣母院

石塘镇坐拥绝美海岸线、翠绿山头与海景公路，具有旖旎的海滨风光，并有一个很响亮的名头——中国的巴黎圣母院，大部分人听到这个称呼，都会以为它是教堂或者是西方风格的宗教圣地，但是石塘镇的这个名号却和教堂、宗教没有关系。

"中国的巴黎圣母院"这个称呼来自画家沈柔坚，据说当年沈柔坚来到石塘后，被这里的石头房子的粗犷、古朴，以及乡土风情深深吸引，回去后逢人便说："法国巴黎圣母院是西欧画家写生的必到之地，石塘媲之，毫无愧色，石塘是中国的巴黎圣母院！"此后，"中国的巴黎圣母院"这个称号便在画家以及艺术爱好者圈内传播开来，渐渐地，石塘就被称为"中国的巴黎圣母院"。

石塘镇沙滩

2000年新千年的第一道曙光在我国首先照到石塘，同年，一颗编号为14147号的小行星命名为"温岭曙光"星，成为第一颗以浙江省城市命名的小行星。

❖ 石塘天后宫

石塘镇的建筑大多由灰色石头垒砌，让人有沧桑遗世之感，而小箬村却颠覆了人们对石塘镇的认知，让人有不一样的感受。

小箬村的面积不大，是石塘镇最佳的落日观看地和拍摄点之一，其位于石塘半岛西南部，曾是一座孤立的小岛，三面环海。和石塘镇其他地方一样，这里的房屋也都是用石头垒砌而成，但是这里的石头屋被用各种彩色的油漆粉刷成马卡龙色、糖果色、莫兰迪色，独具高级感，因而被称作彩虹村。这个原本普通的小村变得充满活力，吸引了不少游客来此游览，进岛的路常常会因车流过大而堵车。

　　石塘镇是温岭的一张旅游名片，除了海韵石秀、阳光沙滩、彩虹村之外，还有大奏鼓、扛台阁、七月七小人节等民俗文化，古老而富有风情；海洋剪纸、船模、贝壳画等民间工艺则独特且历史悠久，使这个被誉为"中国的巴黎圣母院"的地方更具吸引力。

❖ 千年曙光纪念碑

石塘镇的大奏鼓、七月七小人节相继被列入国家级非物质文化遗产名录。

❖ 小箬村

石浦镇

浙 洋 中 路 重 镇

　　石浦一边是古镇，一边是大海，拥有丰富的海洋资源和深厚的渔文化内涵，整个小镇拥有浓郁的海边小镇风情，由古城、海港、渔村和几座海岛组成，是到海边踏浪、捕鱼、休闲以及畅游古迹的好去处。

在《舌尖上的中国2》第五集《相逢》中，张士忠的回台和家人重聚的故事就发生在石浦，片中还着重介绍了象山海产——淡菜。

石浦镇所属岛屿有檀头山岛、东门岛、对面山岛、半招列岛、渔山列岛等。

石浦镇辖8个社区、54个行政村，共有常住人口100 802人（2017年），渔业人口2.4万人，辐射周边5个镇乡的十多万人口。

　　石浦镇为中国历史文化名镇，位于浙江沿海中部，象山半岛南端，北接新桥镇、定塘镇等乡镇，西扼三门湾，南与鹤浦镇、高塘镇隔港相望，东临大目洋、猫头洋，素有"浙洋中路重镇"之称。

地形呈长条形

　　石浦镇陆地面积121.6平方千米（含海岛面积19平方千米），由原东门乡、檀头山乡、番头乡、金星乡及昌国镇等6个乡镇合并而成，包括檀头山岛、东门岛、对面山岛、半招列岛、渔山列岛等众多岛屿，地形呈长条形，东北—西南走向。陆上海岸线长108千米，分布着石浦港、石浦古城、中国渔村等当地知名景点。

❖ **幽静的石浦古城街道**

18

石浦镇属亚热带季风性湿润气候，四季分明，日照充足，温暖湿润，是一个旅游的好去处。石浦镇离象山很近，开车最多 40 分钟即可到达。

素有"浙洋中路重镇"之称

最早记载石浦先民在此耕海牧渔、繁衍生息的典籍是《汉书·地理志》。唐神龙二年（706 年）这里已成村落，明洪武二十年（1387 年）筑城，石浦古城三面环山，沿山而筑，依山临海，一头连着石浦港，一头深藏在山间谷地，人称"城在港上，山在城中"。城墙随山势起伏而筑，城门就形而构，古城居高控港（石浦港），曾为抗倭之地，遂成海防重镇，素有"浙洋中路重镇"之称。

如今沿着蜿蜒曲折的老街拾级而上，不经意间就会遇见一处老宅或古迹，曾经的商业老街历历在目，无不散发着浓郁的渔商气息。

"出五门、通四海"

石浦港（石浦渔港）旧称"酒吸港"，又名荔港，有"一出东门便十洲"之称，历史上海上交通发达，有"出五门、通四海"之说。

石浦港呈东北—西南走向，一头连着石浦古城，为"月牙"状封闭型港湾，可泊万艘渔船，行万吨海轮，港内风平浪静，是东南沿海著名的避风良港，兼

❖ 石浦所属岛屿——渔山列岛

石浦是全国六大中心渔港之一、国家二类开放口岸、浙江省小城镇综合改革试点镇和首批小城市培育试点镇、宁波市首批卫星城市建设试点镇。

❖ 石浦古城打卡点—— 一石见千年

据资料考证，石浦镇已有 1300 多年历史。因早期先民"沿溪布村，村前滨海处多岩"而得名石浦。

❖ 石浦古城

❖ 中国渔村

中国渔村坐落于石浦港畔，是一个集全国渔区文化、生活风情于一体的休闲、度假区，由渔文化民俗街、皇城沙滩、旅居结合的欧美风情小镇，以及石浦渔港、石浦古街、檀头山、渔山岛、渔人码头等组成。

使石浦古城成名的是中国第一部有声电影、第一部在国际上得奖的电影《渔光曲》。1933 年，剧组一行 30 多人曾在石浦古城逗留并拍摄。

石浦有"三月三、踏沙滩""祭海"等独特的风俗，其中"祭海"就是渔民出海捕鱼时为求平安、丰收的一种仪式。

历史上，明州（宁波）港是我国海上丝绸之路的始发港之一，吴越地区大量的丝织品和越瓷通过明州港走向世界，而石浦港就是海商文化的桥头堡，也是浙东主要商埠之一。

渔港、商港之利，是国家二类开放口岸，被列为"全国四大群众渔港"之一。每到休渔或避风时节，石浦港内会呈现樯桅林立、万船云集的壮观场景。

石浦镇海岸曲折，礁岩嶙峋，境内还有一处属中国渔村的长 1.8 千米的皇城沙滩，潮落时宽约百余米，沙滩坡缓底平，沙质洁净、细腻，有"黄沙细如练绢"之称，是旅游、休闲、度假的好去处。

石浦每年有 4 个多月的休渔期，9 月中旬结束休渔期，开捕时会举行一场盛大的开渔仪式，又叫作开鱼节，仪式中渔港里旌旗招展、千帆竞发、万炮齐鸣、舞龙舞狮、祭拜海神，众渔船首尾相接奔赴渔场，场面欢腾而热闹。此外，这个时期的海产很新鲜，海边有一块很大的区域，全是吃海鲜的店铺。

鹤浦镇

鹤浦镇是一个渔业老镇，如一块未加雕琢的璞玉，镶嵌在南田岛上，小镇及其周边有漫长的海岸线，沙滩平展，沙质细腻，海水洁净，低调、小众又迷人，宛如人间天堂。

鹤浦镇位于浙江省宁波市象山县南田岛（宁波市第一大岛）上，距石浦镇南3千米，整个小镇以及小岛自古就被称作乐土，如今，这里依然是一个隐匿的人间天堂。

充满自然之美

南田岛又名牛头山，全岛面积84.38平方千米，平地占1/3，西部多低丘平原，东部多山地，最高点海拔405.4米，全岛森林覆盖率达40%，柑橘、枇杷等果木种植较多。岛上有众多海湾，有绵延78千米、曲折的海岸线，海域开阔，充满自然之美。

鹤浦镇就隐藏在南田岛的西北海岸，与宁波石浦镇隔海相望，是一个渔业老镇，也是南田岛的商业中心。

鹤浦镇始建于1932年，是南田岛的主要港口，每天都有往返于对岸石浦镇的客船（汽渡）。

明洪武年间，朝廷厉行海禁，南田岛被列为"封禁之地"，不准百姓进岛垦种。清初，浙江沿海以张煌言为首的抵抗运动激烈，南田岛、花岙岛等是其活动据点之一。故当沿海其他岛屿于康熙年间陆续解禁时，唯南田岛又永为禁域，直到光绪元年（1875年）十月，经浙江巡抚杨昌浚奏请，这座被封锢5个世纪之久的岛屿始获准开禁，成为历史骇闻。

抗日战争时期，日军数次入侵南田岛，均遭地方武装痛击。

南田岛环岛路盘山而行，沿途有众多小岔道，可通往密林中的清幽村落或蔚蓝海边。
❖ 南田岛环岛路

❖ 往返鹤浦镇与石浦镇的汽渡码头

❖ 这是鹤浦镇上最古老的也是唯一的一家电影院

　　鹤浦镇沿岸有一条长达 5 千米的长堤，长堤外与石浦镇之间形成一个超大的港湾，那就是中国四大渔港之一的石浦港，港内桅樯林立，船来船往……

　　沿着长堤，不远处是南田岛环岛路，可自驾或者骑行，它几乎贯穿鹤浦镇及周边主要景点，如大沙沙滩、风门口、金七门……公路沿途有绵延的山、绿油油的树、蔚蓝的海，几乎每个拐角都充满了未知的美丽。

大沙沙滩

　　大沙沙滩长约 800 米，宽约 150 米，沙面平展，沙质细腻，海水清澈，底无乱石，素有"潮来一排雪，潮去一片金"

❖ 大文沙村

❖ 风门口

❖ 龙门

的美誉。这里风光秀丽，崖下怪石峥嵘；港外浪声阵阵，航船似梭；晚间渔火点点，清晨红日东升，有"海阔透天作岸"之景观，让人流连忘返。

　　大沙沙滩所在的大文沙村（又称大沙村）遍布大大小小的精品民宿、网红民俗、客栈和农家乐等，可以满足游客的入住需求。

离大文沙村不远的地方就是传说中鲤鱼跳过的龙门，而龙门前面就是白龙潭，据说住着那条跳过龙门的鲤鱼变成的白龙。

风门口

　　沿着南田岛环岛路南边高高低低、错落有致的小渔村前行，然后再沿着岔路往东，道路的尽头连接着大海，这便是南田岛最东端一个呈"V"字形的地方——风门口，听名字就知道，这里的风一定很大、很猛。

❖ 金七门海滩

❖ 金七门段沿海公路

风门口是浙江省唯一位于海岛上的省级森林公园，这里风光旖旎，碧海金沙，港湾、岩洞、岛礁、断崩崖、卵石滩等随处可见。无论是爬上海边的礁石，还是登上高处的观景台，凭栏远望，视野十分开阔。风门口被称为东海最先看到日出的地方。在此观日出时，在狂风的驱赶下，朝阳颤抖着爬出海面的那一刻，仿佛整个世界都在为此喝彩。此外，风门口还是露营的好地方，伴随着点点渔火，将自己融入大海、沙滩、森林之中，可尽享"万里涛声到枕边"的浪漫风情。

金七门

由风门口继续向南，绕过十八弯山路，即可到达南田岛的最南端——鹤浦镇最具特色的金七门小渔村，这也是宁波最南端的小村，堪称"宁波的天涯海角"。

金七门是一个原始淳朴的古渔村，就像是一个世外桃源，在鹤浦镇的名气不如大沙沙滩和风门口，因此少有游客光顾。也正是这个原因，这里的海岸线更加原始，没有任何的人为痕迹。

都说人来世上一遭，一定要轰轰烈烈，而当来到鹤浦镇后，沿着南田岛环岛路前行，沿途所有的原始元素，都能不经意地使你沉醉，不由得放松身心，只想在路边多停留一会儿，在沙滩上多躺一会儿。

鱼对金七门的人来说是一种精神图腾，所以还诞生了很多有意思的鱼文化产品。村子里面到处可以看到与鱼有关的绘画、雕刻、灯笼，最让人难忘的是鱼拓，它属于非物质文化遗产，吸引着游客的眼球。

❖ 鱼文化——灯笼

涠洲镇

涠洲镇由有广西"蓬莱岛"之称的涠洲岛与美轮美奂的斜阳岛组成，整个小镇及其周边最大的看点就是奇形怪状的海蚀洞、海蚀平台、海蚀崖、海蚀柱……另外还有贝壳沙滩、五彩滩等美得让人窒息的风景。

涠洲镇位于广西壮族自治区的北部湾海域，属于北海市海城区下辖镇。涠洲镇东望雷州半岛，东南与斜阳岛毗邻，南与海南岛隔海相望，西面面向越南。

涠洲镇是一个海岛镇

涠洲镇与北海市的直线距离为 21 海里，是一个海岛镇，四周是被大山包围的丘陵山地，西面是罗霄山脉，东面是武夷山与九连山脉，南面是南岭，在罗霄山脉的中段还有一条霄山山脉与武夷山相连接，形成一个对外相对封闭的自然环境，因而形成一种以汉文化为主导的、与周边文化相区别的客家文化。

在汉朝时，这里曾属合浦郡，元朝时海岛中建有涠洲巡检司，因而得名涠洲岛。1984 年 9 月，撤销公社设涠洲镇，隶属于北海市海城区，辖涠洲、斜阳两岛，海岸线长 57.2 千米，行政区域面积 26.63 平方千米。

❖ 涠洲岛

❖ 涠洲岛火山口

涠洲岛丰富多彩的地貌

　　涠洲岛是中国地质年龄最年轻的火山岛，也是广西壮族自治区最大的海岛，岛形近似于圆形，东西宽约 6 千米，南北长约 6.5 千米，数百万年来，多次发生海洋风暴、地震、火山及引发的海啸，加上平时海水与海岸的相互作用，形成了南高北低的地势，南半部以海蚀地貌为主，有海蚀崖、海蚀洞等，逐渐过渡到北部的海积地貌，如平坦宽阔的沙质海滩、沙堤、潟湖及礁坪。

　　岛内丰富多彩的海蚀、海积、海滩地貌形成了大量的景点，其中最具特色的景点有鳄鱼山、滴水丹屏、石螺口和五彩滩等。

❖ 涠洲岛灯塔

这座灯塔是全岛的制高点和标志性建筑，也是渔民们的守护神。

❖ 鳄鱼山沿海栈道

❖ 滴水丹屏

滴水丹屏附近有涠洲岛最大、最美的沙滩金马滩，沙子非常干净、柔软。

鳄鱼山

　　鳄鱼山位于涠洲岛南湾西侧，如一只"绿色巨鳄"潜伏于海岸之上，这里是观赏火山岩石与美妙海景的绝佳去处。

　　沿着鳄鱼山沿海栈道顺海而走，可以看到山脚下的奇石怪岩，它们经过千百年的水蚀风刻后神态各异，有火山弹冲击坑、古树化石、水帘洞、海蚀柱、海蚀拱桥、海蚀墩、龙宫、藏龟洞、贼佬洞、百兽闹海等地质奇观，十分具有观赏价值。此外，涠洲岛灯塔和月亮广场也是不错的游玩之地。

滴水丹屏离海底珊瑚区很近，水下岩石成巨型块状，深度为5米左右，可见少量的珊瑚、海葵以及部分海洋鱼类，适合稍有潜水经验的潜水者。

鳄鱼山是涠洲岛的主要景区之一，2009年12月被批准为国家4A级旅游景区。

滴水丹屏

　　滴水丹屏堪称中国火山景观的奇迹，曾被列为"北海八景"之一，位于涠洲岛西部的滴水村，其海滩背后就是涠洲岛灯塔，沿着环岛路骑行5分钟即可到达。

石螺口海滩西北部有一块被称为"望夫石"的海蚀岩，其似身背婴孩的美丽少妇，站立海岸盼夫归来。它是石螺口的网红打卡景点。

❖ 望夫石

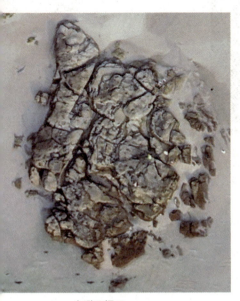

❖ 鸟瞰石螺口

从空中看，石螺口像一只王八，或许王八不够好听，所以才用石螺这个名字吧。

滴水丹屏原名滴水岩。绝壁裸露的岩层有红、黄、紫、绿、青五色相间，纹理异常清晰，绝壁上部绿树成荫，红花绿叶倒挂崖头，展现旖旎多姿的色彩，取"丹屏"之意；绝壁上的岩层中常有水溢出，不断地向崖下滴落，所以取名"滴水"。

滴水顺着丹屏汇流于绝壁脚下，沁入银色沙滩，融入大海，消失在阵阵涛声中，犹如仙境一般的浪漫。

石螺口

从滴水丹屏沿着海滩或环岛路，往北行走 2~3 千米就能到达石螺口。其因附近村庄形似石螺而得名，沿岸火山岩、海蚀岩丰富、奇特、怪异。

石螺口的沙滩很棒，硕大的一个沙滩上游人寥寥无几，有很多水上运动项目，如沙滩车、水上摩托，而且这边浪比较大，是一个不错的冲浪之地。

盛塘天主教堂

盛塘天主教堂位于涠洲岛的盛塘村，是"晚清四大天主教堂"之一。该教堂建于 1853 年，由法籍范神父花了 10 年时间，用岛上特有的珊瑚石，建造了这座典型的文艺复兴时期法国哥特式教堂。该教堂建筑面积 774 平方米，连同附属建筑在内总面积达到 2000 余平方米，是广西壮族自治区沿海地区最大的天主教堂，2001 年被列为全国文物保护单位。

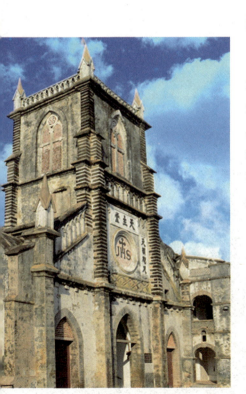

❖ 盛塘天主教堂

在清代，朝廷因涠洲岛"孤悬大海，最易藏奸"而发出"永远封禁"令。清同治六年（1867 年）"重开岛禁"，据史料记载，当时岛上的移民总数约 6000 人，几乎全是客家人或从本省其他地方移民而来的，其中 1/3 是天主教徒。由于教徒人数众多，在涠洲岛传教的法籍范神父，为解决宗教活动场所，所以才筹建了这座哥特式教堂。

❖三婆庙

三婆庙又称妈祖庙、天后宫，建于 1732 年，它利用海蚀洞作为天然屏障，庙与岩洞巧妙地结合在一起，高度体现了涠洲岛人的智慧。庙外花木茂盛，岩石纵横，曲径旁通。庙侧绿荫下有几口仙人井，涌泉常溢不断。井水有口甘生津、清凉解毒之效。

在涠洲岛除了有天主教堂外，还有三婆庙等人文景观，印证了中西合璧的历史足迹。

五彩滩

五彩滩原名芝麻滩，因沙滩上有许多像芝麻一样的小石粒而出名，退潮后的芝麻滩格外漂亮，旁边被海水腐蚀的岩石不仅形态各异，而且由于有绿苔、红藻覆盖，在阳光的照射下，呈现五彩斑斓的景色，因此得名"五彩滩"。

五彩滩位于涠洲岛东海岸，在长达 1.5 千米的海岸线上，退潮时可见宽达几十米至上百米的海蚀平台；平台上一层又一层的海蚀沟，在阳光的照耀下十分漂亮；在海蚀平台的尽头耸立着高达 20~50 米的海蚀崖；在海蚀崖与海蚀平台的交界处，形态各异的海蚀洞随处可见，形成国内罕见的集海蚀崖、海蚀平台、海蚀洞于一体的地质景观带。

❖ 红色海蚀崖

❖ 贯穿贝壳沙滩的环岛路

贝壳沙滩

　　从五彩滩往北一直到西北部的蓝桥（即中石化原油码头），绵延将近 6 千米的海滩都属于贝壳沙滩，它是涠洲岛海岸线上最长的沙滩，有一条环岛路贯穿贝壳沙滩沿岸，从环岛路上即可走进贝壳沙滩。

　　贝壳沙滩游客稀少，因此保留了更多的原生态景色，喜欢赶海的朋友一定要到上面走走，许多小螃蟹、贝壳、珊瑚等你伸手去捡拾，让人格外惬意。

斜阳岛状似一朵盛开的莲花

　　涠洲镇的主要风景几乎都集中在涠洲岛上，不过，涠洲岛东南方向约 9 海里处的斜阳岛的风景也是不容错过的。斜阳岛上居住的人很少，约有 290 人，民风淳朴，村民多靠打鱼为生，夜不闭户，宛如世外桃源。湖南卫视 2014 年 8 月 18 日播出的《变形计》曾在此取景。

斜阳岛的面积为1.89平方千米，与涠洲岛一样，是由火山喷发堆凝形成，岛屿状似一朵盛开的莲花，中部凹陷，四周凸出。沿岸陵岩壁立，下临深渊，飞鲨、怪鱼、贝类、珊瑚清晰可见，是潜水爱好者的天堂。

岛上冬暖夏凉，野花繁多，森林原始，山径迷离，海蚀、海积及熔岩景观奇特，是寻幽探险的乐园。

❖ **中石化原油码头大桥**

这是涠洲岛海岸线上的网红打卡点，尤其在雾天能拍出大片的感觉。

因为从涠洲岛上可观看太阳斜照岛上的全景，又因它横亘于涠洲岛东南面，南面为阳，故称斜阳岛。

❖ **斜阳岛美景**

图兰奔

图兰奔地处偏僻，几乎毫无商业设施，是一个纯粹的潜水胜地，而且几乎集中了巴厘岛所有的热门潜点。

巴厘岛的居民主要是巴厘人，他们信奉印度教，这里以庙宇建筑、雕刻、绘画、音乐、纺织、歌舞和风景闻名于世，是世界旅游胜地之一。

潜水者的乐园

图兰奔位于印度尼西亚的著名旅游岛——巴厘岛的东北部，是一个比较偏僻的小镇，和巴厘岛其他地方比起来，简直就是一个人烟稀少的小村，因此又被人们称为图村。

图兰奔既没有银行、商场、像样的酒吧和咖啡馆，也没有牛排和红酒，甚至海边都没有很好的沙滩，唯有阿贡火山和神秘的海底世界与之为伴。由于特殊的地形、海底珊瑚的多样性以及极其丰富的海洋生物，这里成为潜水者的乐园，被称为"世界最美的50个潜水胜地"之一。

整个图兰奔海湾长度约为500米，主要由3个潜点构成："自由"号沉船、断崖和珊瑚花园。

"自由"号沉船

图兰奔最有特色、最有趣的潜点是距离海岸约40米处的海底一艘第二次世界大战时期的美国沉船——"自由"号的残骸。

"自由"号沉船长120米，船体倒向右侧，最浅处（船尾）离水面不足3米深，水下平均能见度为15~25米。该沉船已经被珊瑚、海葵以及各种其他的海洋生物占领，人们在潜水时稍微一个动作，就能惊动一群小鱼从身边飞速游过，然后很快地钻进船舱，或是邂逅一群看似蠢笨的隆头鹦嘴鱼在不远处来回自由地游动。

❖ 天空之门
天空之门离图兰奔很近，开车大概30分钟的路程。

"自由"号沉船潜点周边水况安全、水下生物丰富，是一个世界著名的潜点，也是在图兰奔潜水的亮点之一。

断崖

断崖位于图兰奔不远处的海边，是由阿贡火山的岩浆形成的峭壁，峭壁下是一片小碎石子沙地，沿着沙地向东游，深度为3~70米，崖壁上覆盖了各色珊瑚，巨扇珊瑚尤为壮观，这里是微距天堂。断崖潜点适合岸潜或船潜，在断崖深处除了布满珊瑚和大海扇外，还有机会遇到白鳍鲨，断崖浅水处能遇见海豚、章鱼、石头鱼、狮子鱼、海兔、寄居蟹和杰克鱼风暴等。

❖ 阿贡火山

阿贡火山是一座位于巴厘岛东部的活火山，海拔2997米，为巴厘岛的最高峰，被当地人奉为圣山。在巴厘岛的神话中，诸神以群山为神座，将最高的神座阿贡山置于巴厘岛。又有一神话说诸神见巴厘岛摇动不稳，便将印度教的神山马哈默鲁镇压在巴厘岛上使之稳定，更名为阿贡火山。

图兰奔离阿贡火山只有10千米的距离，如果火山再爆发，这里也属于危险地带。

❖"自由"号

1918年6月，"自由"号在美国新泽西建成并成为美军的运输舰，第二次世界大战打响后，"自由"号被派往东方执行运输任务，1942年1月，"自由"号执行任务行至巴厘岛，被日本潜艇的鱼雷击中后废弃在图兰奔的沙滩上。1963年，不远处的阿贡火山爆发，引起地震和巨浪，将"自由"号抛到如今的位置。

❖ 图兰奔断崖

约400种鱼类以图兰奔为家，包括鲨鱼、隆头鹦嘴鱼、巨石斑鱼这些大家伙。

珊瑚花园

珊瑚花园在"自由"号沉船和断崖之间，大片美丽的软珊瑚和硬珊瑚从2~3米深的地方开始斜着延伸到15~20米深处。在海底岩石上有很多为了保护珊瑚的铁架，上面不仅布满了各式珊瑚，还有当地渔民在珊瑚间安放的许多佛像、佛龛，使这个潜点变得更加神秘，成为巴厘岛的网红打卡潜点之一。

珊瑚花园适合浮潜和深潜，在此潜水时，会有彩虹鳗、剃刀鱼、皇帝神仙鱼以及甜唇鱼从身边游过，甚至还有胆大的鱼会好奇地游到潜水者身边，打量着这些不速之客。

图兰奔拥有巴厘岛最好的潜点，除了拥有最负盛名的"自由"号沉船、断崖和珊瑚花园潜点之外，沿着小镇海岸还有几十个潜点：可以从岸边走下大海，也可以从悬崖上一跃而下；可以浮潜，也可以深潜；不管是潜水初学者，还是有经验的潜水者，在图兰奔都能找到适合自己的潜点，享受潜水的乐趣。

❖ 珊瑚花园中的佛像

乌布镇

巴厘岛最艺术的文化小镇

乌布镇沿街排开的市雕、石雕、椰雕和绘画作坊、日间的寺庙祈福、风景旖旎的活火山、原始椰林，以及划分规整的碧绿梯田，给人们带来一种独一无二的精神享受。

巴厘岛给人的印象是拥有丰富的海洋旅游资源，沙滩、碧海、阳光是巴厘岛的代名词，而位于巴厘岛中南部的乌布镇，却不仅仅因为海洋风景而出名。

巴厘岛人生性爱花，岛上处处用花来装饰，因此，该岛有"花之岛"之称，并享有"南海乐园""神仙岛"的美誉。

巴厘岛的艺术发源地

2010 年，美国影星茱莉亚·罗伯茨主演的电影《美食、祈祷和恋爱》将乌布镇介绍给了世界，让人们知道并认识了乌布镇，电影中有部分镜头就是在乌布镇的主要街道拉亚街拍摄的。拉亚街与猴林路的交会处就是乌布镇中心，街道上的艺术品商店、寺庙和博物馆充满艺术感，并以绘画、雕刻、音乐、舞蹈、摄影，甚至建筑等形式呈现。

乌布镇是巴厘岛的艺术发源地，乌布皇宫、乌布市场等主要景点都聚集在镇中心。乌布镇四周被稻田包围，其间分布着石雕村巴土布兰、银器村、苏鲁村，还有油画村、蜡染村等各具特色的小村。村镇中不仅有浓郁的艺术和文化氛围，还透着厚重的宗教气息。据说巴厘岛在修建众多的度假村和旅馆时，几乎所有的装饰品都是来自乌布镇及其边地区。

❖ 乌布镇充满艺术感的商店

❖ 乌布镇工艺品

乌布皇宫

乌布皇宫是乌布镇的地标，是巴厘岛王室的居所，其建于16世纪，面积不大，但古旧、沉稳，内部就像一个花园，还有一些凉亭式的建筑和雕像，充满了巴厘岛风情。

早在20世纪初，荷兰人就废黜了当地王室，但王室仍受到当地人的广泛尊敬，如今国王和他的夫人以及许多王族后裔仍住在乌布皇宫。乌布皇宫内有60多间房，如果游客需要，并能出得起昂贵的费用的话，也可以在这里住宿，体验一下皇宫生活。

在巴厘岛，不仅乌布皇宫的门很窄，普通百姓家的门也很窄。传说以前山里有妖怪吃人，但是妖怪很死心眼，不会翻墙，只会走大门，所以人们就把门做得很窄，妖怪就进不来了。

❖ 皇宫很窄的门

几百年前，据说巴厘岛上曾有8个王国，乌布被包围在其中，由于乌布国王广结善缘，所以别的王国都消失了，只有乌布保留下来。这里的国王只是身份的象征，并非真正意义上的国王，游客还可以和国王合影。

❖ 乌布皇宫

❖ **圣泉寺雕塑**
圣泉寺的建筑规模宏大，包含了巴厘岛庙宇的所有特点，石制圣龛上早已是苔痕斑斑，而泉涌依然如当年。

从乌布皇宫出来，对面即是有名的乌布市场，里面有各种各样的佛像、木雕、饰品和银器商店，游客可以在此尽情地砍价，只要足够耐心，就能买到称心如意的东西。

圣泉寺

离乌布镇不远的圣泉寺是巴厘岛上六大著名庙宇之一。据古老的石碑上记载，圣泉寺于公元962年就已建造完成。

圣泉寺内最有名的就是建有一排24个龙首的泉水出口，泉水由龙口流入下面的大水池，供朝圣者接水和沐浴。

关于圣泉水的来历

相传马亚达瓦魔王自诩法力无边，因而向诸神发起挑战，却被天神英特拉打败。马亚达瓦为了挽回面子，于是在诸神住地变出了一处清澈的泉水，许多天神因为喝了泉水或在泉水中沐浴而中毒死亡。天神英特拉闻讯后，拔出佩剑插入大地，引出长生不老泉，破了马亚达瓦的法术，使中毒的天神复活。马亚达瓦害怕众神报复，幻化为石头躲了起来，天神英特拉发现了马亚达瓦幻化的石头后，用神力拉满弓，一箭射向石头，石头流出的献血汇入了贝塔努河，直到如今，当地人依旧深信，天神英特拉用箭引出的长生不老泉即圣泉，可以为人消灾；而贝塔努河被马亚达瓦魔王的血污染了，不能用以灌溉农作物，否则将会颗粒无收。

❖ 圣泉寺

圣泉寺是巴厘岛上六大著名庙宇之一，它依地下泉眼而建，据说附近居民每天早、中、晚都会来此沐浴、祈福。

据说，圣泉寺的圣泉水永远都是清澈的，每个龙口流出的水有不同的功效，有的可以消灾解祸，有的可以洗涤心灵，有的可以驱逐病痛……它吸引了来自世界各地的善男信女来此膜拜、沐浴，当地人更是每天早、中、晚三次来此沐浴。

圣泉寺周边与乌布镇其他地方一样，有许多工艺品街，街道都不长，往往是人流最集中的地方。穿梭于乌布镇或工艺品街，到处可以看到各种有个性的画作、木雕、手工艺品，无不向人们展现乌布镇乃至巴厘岛数百年的文化和艺术底蕴。

乌布镇还以美丽的稻田和山脉而闻名，游客可以在这里享受美丽的自然风光。

北荣町

《名侦探柯南》的故乡

　　北荣町是一个交通不太便利的小镇，是日本知名推理漫画家青山刚昌的出生地，随着他的漫画《名侦探柯南》出版，在海内外人气暴涨，吸引了无数"柯南迷"来此"朝圣"，因此这里也被称为"柯南小镇"。

　　北荣町位于日本鸟取县，面临日本海，是由6个村合并起来的町（乡镇），全镇只有一家大型超市，以及小小的商店街，不足1.5万名居民。

　　"柯南"是整个北荣町的灵魂，小镇大街小巷随处可见柯南的形象，路上的标志牌、浮雕、铜像、井盖，甚至有些房屋的砖块上都有柯南的雕刻和"柯南"侦探所、博士的车等《名侦探柯南》漫画中出现的场景和物品；在北荣町还有一条全长1400米的柯南大道、一座满是柯南形象雕塑的柯南大

　　日本漫画家青山刚昌创作的《名侦探柯南》在播出的20多年的时间里一直被大家喜爱，虽然如今的电视收视率大不如从前，但是在网络上的点击率却一路飙升。青山刚昌被誉为"良心派"的漫画家，他不但用天马行空的思维创造出了柯南，还让读者（观众）窥到了日本推理文学的一隅。

❖ 柯南

❖ 日本漫画家青山刚昌的漫画形象

❖ 青山刚昌博物馆

❖ 北荣町井盖上的动漫形象

❖ 北荣町中的动漫形象

桥、一座以"柯南之父"青山刚昌的动漫为主题的青山刚昌博物馆和一条专属的柯南列车观光线路。不仅如此,北荣町的居民卡、户口簿以及各种政府文件上都印有柯南的形象,连小学、图书馆、政府机关的门口都有柯南的形象雕塑。

北荣町是一个靠海却让人忽略大海的地方,小镇到处都能看到柯南的踪迹,随处都可以与"柯南"合影,如果还不尽兴,随便走入一家商店,就可以买到带有《名侦探柯南》漫画中形象的糖果、手机链、帽子、T恤、扇子、玩具和其他各种道具,或者干脆买一套《名侦探柯南》漫画书,带回去慢慢看。

❖ 柯南大桥

柯南大桥全长约70千米,1999年12月23日正式通行,大部分大桥两端的入口都会有桥墩或者牛、狮子、老虎等吉祥物,而柯南大桥的两端是两尊小柯南雕像,大桥上的路灯、桥壁、桥面上都有柯南的形象。

❖ 柯南大桥上的柯南浮雕

❖ **阿笠博士的黄色甲壳虫**

青山刚昌博物馆（柯南纪念馆）门前停靠的是阿笠博士的黄色甲壳虫，此外，在纪念品商店、侦探社、博物馆内还能买到《名侦探柯南》漫画的相关产品，如服饰等。

❖ **小镇到处都是《名侦探柯南》的剧情人物雕塑**

《名侦探柯南》漫画从 1994 年诞生至今，一直没有完结，主角柯南遭遇无数案件，均能巧妙化解各种危机，其年龄却始终停留在小学一年级，与黑暗组织相爱相杀，随着漫画故事内容的推进，北荣町总会第一时间在小镇的某个角落，增加与故事内容同步的内容，让"柯南"的粉丝们去寻找发现。

柯南列车每日运行 3～5 次，往返于鸟取车站至米子车站之间，柯南列车内外都画满了《名侦探柯南》的剧情人物、场景。

❖ **柯南列车**

瓜镇

兰 卡 威 岛 最 热 闹 的 地 方

瓜镇地处兰卡威岛，却并不以海滩出名，而是靠商店、港口和巨鹰广场优美的湖泊、喷泉、小桥和回廊等吸引游客。

兰卡威群岛又名浮罗交怡，由104座小岛组成，不过在涨潮以后，只能看到99座。

瓜镇位于马六甲海峡，在槟榔屿的北方，位于兰卡威岛西南侧。兰卡威岛的四面被海水环绕，绕岛一周约80千米，岛内有很多山，它是兰卡威群岛中唯一一座有人居住的岛。

全岛最热闹的地方

"瓜镇"在马来语中意为"肉汁"，传说中两个巨人争抢一碗炖肉，不小心将碗中的肉汁洒落在兰卡威岛，因而形成了"瓜镇"。

瓜镇很小，就像一个小渔村，不过这里是兰卡威岛的商业和行政中心，也是兰卡威岛唯一像是城市的地方，镇中心有学校、医院和商店，还有一个免税店和购物中心。

❖ 瓜镇湖畔的巨鹰广场

❖ 兰卡威水屋

瓜镇与兰卡威岛其他地方相比，并没有特别优质的海滩，夜生活也不丰富，但它是兰卡威岛的主要港口，是各地游客登岛的必经之地，有全岛最大的购物中心、餐厅、酒店和手工艺品商店等，因此这里是全岛最热闹的地方。

巨鹰广场

在兰卡威岛，鹰有着独特的意义，是岛上的吉祥物。兰卡威岛上有很多关于鹰的建筑，最有名的就是瓜镇港口的巨鹰广场。巨鹰广场上有一座高45米的鹰塔，形如一只展翅高飞的老鹰，建于1996年，耗资1000多万马元，象征着兰卡威岛蓬勃发展的未来。巨鹰广场是兰卡威岛上的最大建筑群，有优美的湖泊、喷泉、小桥、回廊等，游客在此享受广场美景的同时，还能享受海风的轻拂。

兰卡威之鹰

"兰卡威"一词在古马来语中有"强壮的鹰"的意思。马来西亚古文学中将兰卡威岛形容为毗湿奴的坐骑——神鸟揭路茶的休息地。相传，在兰卡威岛还没有出名前，一位王臣来到这里，见到一只巨鹰伫立于巨石上，迟迟不肯离去，王臣认为这只巨鹰便是揭路茶，在马来语里鹰是"HELANG"，而石头是"KAWI"，于是便有了兰卡威（LANG KAWI）这个名字。

瓜镇夜市很有名，可惜不是每天都有，不过在瓜镇乃至整个兰卡威岛到处可以看到用汉字书写的招牌、广告等，可见中国游客已经成为这里的主要游客。

❖ 瓜镇有很多这样的商场

整个瓜镇感觉就像我国农村国道边上的小镇，主路两边遍布各种店铺。

❖ 兰卡威鹰

兰卡威岛的老鹰有两种，红色的是兰卡威鹰，灰白色的是海鹰。

❖ 瓜镇风景

　　兰卡威岛上的居民大多是马来人，瓜镇及其周边更是岛上居民最集中的地方，这里有不少人至今仍然居住在传统的高脚屋和铁皮平房里，以渔业及种植橡胶为生，过着平静的生活，正是这种纯净与淡然，才能让逃离都市的旅客爱上这里。

❖ 汪大渊

兰卡威岛有悠久的历史和传统文化，我国元朝民间航海家汪大渊在所著的《岛夷志略》中曾介绍它："当时龙牙菩提（兰卡威岛）没有稻田，只种薯芋，收成后堆存屋内，作为储粮。此外还种植果类和采集蚌、蛤、鱼、虾补充薯芋食用。产品包括速香、槟榔、椰子等。"明代的《郑和航海图》中也曾提及兰卡威岛。

普吉镇

普吉岛被誉为"安达曼海的明珠"，几乎美到无可挑剔，岛上芭东镇宽阔金黄的沙滩、细腻的沙粒、碧翠色的海水和普吉镇上的中式建筑、西方殖民时期的建筑，以及各种历史文化古迹，更使它魅力四射。

普吉岛位于印度洋安达曼海东南部，离泰国首都曼谷 867 千米，被誉为"安达曼海的明珠"，是泰国主要的旅游胜地。普吉岛是泰国最大的海岛，整座岛有两个中心：一个是胜在古老建筑的普吉镇，一个是胜在繁华海滩的芭东镇。

胜在古老建筑的普吉镇

普吉镇又称普吉老街，位于普吉岛的东部，在普吉机场有出租车和小客车到普吉镇，车程45分钟左右。

普吉镇离海边有点远，不过各个海滩均有班车可到达，这里是一个省会城镇，聚集着政府办公楼，是普吉岛的历史文化中心。

据相关报道，那些矮小的游牧族人直到 19 世纪中叶还生活在普吉岛中心地带的茂密丛林里，但最终由于大批的开采者来普吉岛开采锡矿，他们才彻底迁移。

根据普吉岛上的洞穴中发现的稻米样本研究推测，普吉岛的文明可以追溯到公元前 6800 年。

九世泰皇登基纪念灯塔矗立于普吉岛的离岛——神仙半岛的最高点，这里的地势是凸出岛屿的，且三面环海，场景十分开阔。

❖ 九世泰皇登基纪念灯塔

普吉岛曾经的原住民，矮小的游牧族

普吉岛是泰国境内唯一受封为省级地位的岛屿，地处热带，属潮湿的热带气候，常夏无冬。这里有悠久的历史文化，早在公元前1世纪，普吉岛就有人居住，曾经被矮小但勇敢的海上游牧族所占据，他们没有任何文字和宗教信仰，被称为"Chao Nam"或"海上的吉卜赛人"。这些矮小的游牧族人能建造出小而坚硬的船只，常年在普吉岛沿海采集贝类或者干脆劫掠过往船只，被世人认为是极为原始和野蛮的一族。

约16世纪时，泰国古代阿瑜陀耶王国崛起，统治范围北达兰那泰王国，南至马来半岛的六坤，东面曾扩张到老挝的琅勃拉邦，西抵丹那沙林，普吉岛也被并入阿瑜陀耶王国。17世纪末期（1767年），阿瑜陀耶王国被缅甸灭亡。如今普吉岛属于泰国普吉府管辖。

普吉岛在 500 多年前是一个锡矿基地，吸引了大量的各国商人到此，而普吉镇早期是一个因锡矿而形成的村落。18 世纪后，大批华人涌入这里挖锡矿，并在此定居，直到 19 世纪末才逐渐形成城镇，20 世纪初，这里的锡矿开采达到巅峰时期。如今，普吉镇中还能发现历史悠久的中式骑楼，甚至还能看到烟雾缭绕的中国道观。后来，普吉岛的锡矿资源越来越少，开始没落，岛上居民转向橡胶行业，并借助海岛优势大力发展旅游业，如今他们从事的职业一大半都和旅游业相关。

探索普吉镇的最好方式就是在老城区中央漫步，这里每个转角一砖一瓦的裂纹都满载着历史。整个古镇除了中式建筑之外，还有大量的西方殖民时期的建筑和多元化的老建筑、老爷车、老式巴士，向游客展示着历史情调……

❖ **古镇的葡萄牙风格建筑**

普吉岛的原意是"山丘"，诚如其名，普吉岛面积的 70% 为山丘地势。它是一座由北向南延伸的狭长岛屿，面积与新加坡相近，岛上主要的地形是绵亘的山丘，到处都是绿树成荫，最高的山海拔 529 米，平地主要位于中部和南部。

普吉镇上有开往岛上各个海滩的巴士，一种是蓝色的，一种是绿色（空调）的。这些开往各个海滩的巴士的车身用英文写着目的地地名，没有固定车站，可以在沿途经过的地方招手示意，随叫随停，很方便。

普吉机场在普吉岛的北边，坐出租车前往，车费为 600 泰铢左右。坐小客车的票价为 150 泰铢 / 人。

❖ **普吉镇的街头涂鸦**

整个小镇很安静，几乎在所有能看到的完整墙壁上都会有创意十足的绘画，这里甚至可以叫作"壁画小镇"。

❖ 普吉大佛

普吉大佛位于普吉岛西南部的山冈顶，向东面向攀牙湾，背向安达曼海，高45米，底部莲座直径25米。山顶可以俯瞰整个普吉岛。

胜在繁华海滩的芭东镇

普吉岛拥有众多海滩，且大部分美丽的海滩位于岛的西侧，如海岸线弯而细长，水清沙细，浪头较高，是理想冲浪点的卡伦海滩；海水清澈，北部还有珊瑚礁相伴，是非常理想的潜点的卡塔海滩；而芭东镇的芭东海滩，在普吉岛所有海滩中具有压倒性优势。

❖ 查龙寺

普吉镇的寺庙很多，有传统的、中式的（偏岭南风格）、印度式的，还有一些清真寺和教堂。查龙寺是免门票的，它是普吉岛最大的寺庙，供奉着108尊金佛。

❖ 芭东海滩

芭东海滩上各种水上活动一应俱全，有水上拖伞、橡皮艇、帆船、冲浪、摩托艇等，美中不足的是芭东海滩的游客很多，较为吵闹，不如其他海滩的水质好。

❖ 呈"W"形的卡塔海滩

卡塔海滩位于芭东海滩和卡伦海滩的南面，拥有两个美丽的海湾，外形上呈"W"形，被当地人昵称为"大卡塔"和"小卡塔"。

芭东镇沿着普吉岛的海岸线而建，是一个因海滩而闻名的小镇，距离普吉镇 15 千米。芭东海滩全长 3 千米，沙滩平缓、海浪柔和，不仅有完美的海滩美景，而且有丰富的娱乐、度假项目和热闹的夜市，是普吉岛开发最早、发展最成熟的海滩小镇。

各具特色的普吉岛离岛

卡伦海滩有一处观景台，可以从山上俯瞰下面的芭东、卡伦、卡塔 3 大海滩。

除了本岛的古镇和海滩之外，普吉岛还下辖 39 座离岛，每一座岛屿都有精致绝美的景色。

❖ 卡伦海滩观景台

❖ 芭东佛寺

珊瑚岛：因丰富的珊瑚群生态而得名，位于普吉岛最南边 9 千米处，在小岛的周围环绕着各种色彩缤纷的珊瑚礁，这里是泰国国家一级珊瑚保护区，优质的珊瑚可以和马尔代夫的媲美，是各种水上运动的最佳选择地点。

皇帝岛：曾经是泰国王室的专属度假岛屿，能带给游客"世外桃源"般的体验。

皮皮岛：由大皮皮岛和小皮皮岛组成，这一片美丽海域是怒江的入海口。在大皮皮岛和小皮皮岛之间有两个非常漂亮的海湾：罗达拉木湾和通赛湾。两个海湾之间往返只要步行 10 分钟，景色相当悠闲写意。

❖ **珊瑚岛美景**
在珊瑚岛能看到蓝色海星和不知名的海洋生物。浮潜点有 10~20 米深。

❖ **皇帝岛美景**

❖ **皮皮岛美景**
相较于泰国其他区域，皮皮岛的消费比较高。

兰塔镇

这是一个"养在深闺人未识"的岛镇，如果你想体验泰国岛屿风情，又不想那么喧嚣，那么兰塔镇绝对不容错过。

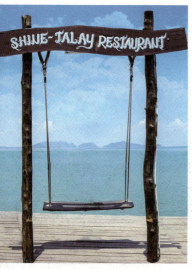

❖ 兰塔镇的海边风景

兰塔镇位于安达曼海西海岸，是普吉岛和甲米岛南面的一个岛镇，由 52 座岛屿组成，其中包括两座最大的岛屿：小兰塔岛和大兰塔岛，周围环绕着珊瑚礁。大兰塔岛是大部分美丽的海滩以及旅游景点的所在地。

南北高度差 500 米

大兰塔岛地形奇特，向南北方向延伸 27 千米，横穿岛屿的是原始热带雨林的山脉，山脉的北部和南部的高度差有 500 米，有多条徒步路线。除此之外，大兰塔岛以其长长的海滩、安静的要塞以及水上和水下的自然美景而闻名，它是海滩爱好者和水肺爱好者的天堂。

❖ 兰塔岛海滩

兰塔岛海滩的细沙下全是坚硬的岩石。

由北向南，从繁华到寂静

　　大兰塔岛由北向南，给人一种从繁华到寂静的感觉。北部的兰塔镇比较繁华，也是岛上最热闹的地方，有一条商业步行街和一个有着很长一段栈桥的码头。传闻老镇很早之前

> 兰塔岛上的游客很少，几乎都是欧美人，物价低，很安静，非常适合度假。

穆兰塔国家公园内最吸引人的当属那一片顶级沙滩，沙滩边有一座废弃的灯塔，是很有名的网红打卡点。

❖ 穆兰塔国家公园内的灯塔

❖ 兰塔潜水天堂

离兰塔主岛不远的离岛HAA岛是兰塔最佳的潜点之一。

> 兰塔岛上有很多猴子，不管是在山林中还是海滩上，都能见到它们的身影，而且这些猴子很聪明、顽皮，会抢夺行人的东西，其顽皮程度完全碾压国内的旅游景点的拦路猕猴。

翡翠洞位于兰塔岛海域的一座海中小岛上，在海面处有一个溶洞。

❖ 翡翠洞

❖ 兰塔岛最美的沙滩

在灯塔下面有两个海滩，沙滩很细、很软，这里应该是兰塔岛最美的沙滩了。

住的是福建华侨，所以老镇街道的建筑多多少少带有中国古风的味道，看起来和我国的小农村有几分相像。

大兰塔岛越往南走越僻静。兰塔岛南部是著名的穆兰塔国家公园，该公园内有山和海滩，自然环境得天独厚。这里生活着各种野生小动物，行走在公园内，随时都能看到科摩多巨蜥和顽皮的猴子。

❖ 科摩多巨蜥

科摩多巨蜥又名科莫多龙，是与恐龙同时代的史前怪兽，也是已知现今存在种类中最大的蜥蜴。它们已濒临灭绝，野外仅存3000只左右。

五渔村

宛 如 上 帝 打 翻 了 调 色 盘

　　5 个建立在悬崖边的小村，房屋鳞次栉比，错落有致，背山面海；在山岩与大海间，村庄的外墙被涂上红、黄、蓝、绿、橙、粉等颜色，宛如上帝打翻了调色盘，将所有的色彩都倾倒在这里，绘成了一幅幅令人惊艳的油画。

　　五渔村被誉为"世界十大最美小镇"之一，位于意大利比萨以北大约 120 千米处，1997 年被联合国教科文组织列入世界文化遗产名录，1999 年成为意大利的国家公园，曾被美国《国家地理》杂志盛誉为"世外桃源"。

五渔村

　　五渔村是意大利利古里亚大区拉斯佩齐亚省沿海地区 5 个依山傍海、俯瞰着地中海北岸的小村。5 个小村由北向南分别是蒙特罗索、韦尔纳扎、科尔尼利亚、马纳罗拉、里奥马焦雷，小村之间有步道和火车站连接在一起。陡峭的山崖、

20 世纪 70 年代末，一位美国背包客无意间闯入了这片世外桃源，五渔村展现的一切都令他惊艳不已。回国后，他将拍摄的照片投递给美国《国家地理》杂志，五渔村就此扬名于世，成为全世界旅游者心中的圣殿。

❖奥罗拉塔

16 世纪时，为了抵抗海上的侵略者，蒙特罗索人建起了 13 座高塔，如今所剩无几。奥罗拉塔就是其中一座，它高高耸立在分割村庄的山岬上，被当地人称为"海峰上的塔"。

❖五渔村火车

这是穿梭于各个小村之间的五渔村火车。在五渔村，最便利的交通是铁路——火车每小时一班，每个村庄之间只有十多分钟的车程，一不留神，打个盹儿就可能错过。

❖ **蒙特罗索巨人雕塑**

蒙特罗索巨人雕塑也被称为海神雕塑，位于蒙特罗索海岸的一角，是一个很容易被忽略的景点，但却是一座很惊人的建筑，也是蒙特罗索村的标志。该雕塑建于1910年，第二次世界大战期间遭到轰炸，受到了重创，如今能看到的只是一个断臂巨人的形象。

五渔村最早的历史记载可以追溯到公元8世纪里奥马焦雷的出现。公元11世纪，在热那亚共和国统治时期，蒙特罗索和维尔纳扎两个村落出现，其他两个村子出现的时间稍晚一点。16世纪，奥斯曼帝国开始在地中海沿岸扩张，村民们为抵御奥斯曼人的进攻，加固、兴建了防御堡垒。从1600年起，五渔村逐渐走向衰退，直到拉斯佩齐亚兵工厂的修建，热那亚与拉斯佩齐亚之间兴建了铁路，才扭转了颓势。铁路使五渔村不再与世隔绝，使村内的人能更便利地去往大城市，也让外地游客更容易地来到这个魅力无穷的地方，为这几个曾贫困的小渔村带来繁荣与财富。

满山的葡萄园、彩色的房子和清澈的海水是五渔村最大的特色。

蒙特罗索——五渔村中唯一有真正沙滩的村

从拉斯佩齐亚坐火车，沿着海岸，不到半小时就能到达蒙特罗索火车站，这里的火车站不大，和中国的火

❖ 隧道一边是菲基纳海滩，一边
　是蒙特罗索

❖ 菲基纳海滩

蒙特罗索的建筑与其他村庄的一样，有五彩斑斓的色彩，长长的菲基纳海滩更让这个小渔村看起来富有生命力。

车站相比，简直能用简陋来形容。火车站一半在山洞里，一半在山洞外，与大自然巧妙地结合在一起。出了火车站后，一边是利古里亚海，另一边穿过小隧道（山洞）就是蒙特罗索。

　　蒙特罗索是五渔村中最古老的村庄之一，也是唯一一个拥有真正沙滩的村，在火车站下面有两个被陡峭悬崖环抱的大海湾，海湾里的菲基纳海滩沙质比较粗糙，沙滩也偏窄，但是海水明净，波澜不惊，岸边各种设施齐备，是一个令人称道的优良海水浴场。

韦尔纳扎——五渔村中唯一没有海滩的渔村

　　从蒙特罗索乘火车前行十多分钟，就是五渔村的第二站——韦尔纳扎。它坐落于利古里亚海岸一个向外伸出的岬角上，是五渔村中最精致、最险要的一个小村，这里的海滩是礁石滩，上面到处都是鱼、虾、螃蟹、海胆和海星。

❖ 圣玛格丽特大教堂

圣玛格丽特大教堂很小，位于海边的一座广场之上，它拥有一座40米高的八角形米黄色钟楼，从蘑菇形外表看，应该属于早期拜占庭风格的建筑。它是韦尔纳扎的标志性建筑。据说教堂从11世纪即开始建造，13世纪重建，之后一直在进行修缮。

❖ 由重重叠叠彩色房屋环抱的港湾

这个美轮美奂的港湾曾于 1080 年作为舰队基地，在抗击海盗的战斗中发挥了重要作用。1209 年，在热那亚征服利古里亚的战争中，这个港湾曾提供港口支持、保障后勤供给、输送兵员战力，在战争中起到了至关重要的作用。

❖ 多利亚城堡

多利亚城堡建于 11 世纪，位于防波堤一侧突兀而起的临海岩石上，起初它作为瞭望哨监视海上的情况，保护村民免受海盗的袭击，如今成为韦尔纳扎的标志性景点之一。

韦尔纳扎的主街——罗马街与火车站仅有几步之遥，石板路街道两旁是重重叠叠的彩色小房子，这些房子大部分都是一些专门为游客服务的商店，如酒吧、冰激凌店、工艺品小店、纪念品商店和古董店等。它们都是用石头垒成的，一直蜿蜒到大海中，并将大海环抱成一个港湾，与港湾中的圣玛格丽特大教堂和崖边的多利亚城堡一起，构成一幅错落有致的中世纪小镇风景画。

科尔尼利亚——唯一可纵览 5 个村庄的地方

从韦尔纳扎乘火车经过高低起伏的山峦，就可到达科尔尼利亚火车站。科尔尼利亚被漫山遍野的葡萄园环绕着，海面在一面悬崖峭壁下忽隐忽现。从火车站出来，可选择免费

❖ 悬崖边的科尔尼利亚

这是五渔村中唯一一个靠近大海却无法直接进入大海的村庄。

的大巴或者徒步 382 级石阶去往小村。与五渔村中其他几个村庄不同，科尔尼利亚位于 100 米高的山崖上，村里没有泊船的港湾，更没有沙滩，是五渔村中唯一靠海却无法直接入海的小渔村。

科尔尼利亚与五渔村中其他几个村庄几乎一样，都有窄窄的小巷，在小巷中行走颇有"一线天"的感觉。村中的房子和小巷之间的落差很大，从一个小巷到另一个小巷常常有很多台阶。

❖ 圣玛利亚观景楼

❖ 科尔尼利亚窄窄的小巷

57

❖ 经典的马纳罗拉全景照

彩色的建筑在意大利充足的阳光下更显明媚，一边是陡峭深邃的崖壁，一边是晶莹剔透的海水，衬托出神秘村落的宁静与美好。如诗如画的景色使马纳罗拉成为游客和广大摄影爱好者的最爱。

科尔尼利亚很小，但是地势却很高，从小村主街菲耶斯基穿过，两边是特色小店和旅店，街道的尽头是圣玛利亚观景楼，在这里的观景台上可以俯瞰大海，绝美的海景一览无余；也可以眺望远处的多彩村庄，这里是五渔村中唯一可以纵览 5 个村庄的地方。

马纳罗拉——五渔村中葡萄藤最多的一个村

从科尔尼利亚乘坐火车，翻越几个山坡，再穿越几个隧道，即可到达五渔村中最小的一个村庄——马纳罗拉。

科尔尼利亚很小，而且无法直接到达海边，所以相比五渔村的其他几个村庄，这里也更安静，在这里可以不被打扰地欣赏狭窄的巷道和色彩鲜艳的小楼房。

与科尔尼利亚相似，马纳罗拉也是一个建在陡峭悬崖上的小村，五彩缤纷的撞色小屋错落有致地位于青山与大海之间，形成了一道亮丽的风景线。这里没有出名的大教堂、城堡，也没有海滩浴场，但却是五渔村中最出名的一个村。因为这里的全景照，常常会被作为五渔村的代表风景刊登在媒体和网络上，使许多人因为这张照片而爱上五渔村。

在马纳罗拉还可以在葡萄园和梯田散步，观察悬崖边上颜色各异的楼房。这里还曾有古罗马人成功酿造葡萄酒的记载。

里奥马焦雷——五渔村中最大的一个村

里奥马焦雷是五渔村最南端的一个村，也是5个村子中面积最大的一个。据记载，小村源于公元8世纪，当时一些希腊逃犯为了逃避拜占庭帝国皇帝的追杀，在此避难，从而形成了一个村落。

从马纳罗拉可直接沿步道徒步到达里奥马焦雷，它是连通五渔村的步道中最短、最舒适、最容易的一段，只有1千米长，大约20分钟就可走完全程。步道沿海一侧的栏杆上挂满了同心锁，因此这条步道也被称作"爱之路"。步道的一侧是山崖，另一侧是村内的情人海滩。这个海滩很小，但是很私密，是情人约会休憩的好地方。情人海滩的一端是码头，沿岸五彩斑斓的建筑依山傍水且位于悬崖之上，成为蓝色海洋之上的五彩村庄，强烈的色彩对比，能让人心情瞬间愉悦起来。

❖ 里奥马焦雷美景

"爱之路"约1千米长，修建在崖壁沿海一面，是五渔村的步道中最短、最舒适、最容易的一段，只需20分钟就能走完全程。

❖ "爱之路"

❖ 情人海滩

在五渔村，单单欣赏五颜六色的房屋就是一场视觉盛宴，而漫山遍野种植的葡萄、柠檬和橄榄的蓝色、绿色，缓缓地沿着海岸线融入地中海的蔚蓝海洋之中，使五渔村更加绚丽多彩。无论在哪个村子，找一座悬崖，躺着或者坐着，享受阳光洒在每一寸肌肤上，悠闲地看书、聊天、晒日光浴，都可以体会到慵懒的意式情调。

❖ 里奥马焦雷的码头

陶尔米纳

"如果有人只能在西西里待一天，他问道：我该去参观哪里？我会毫不犹豫地回答他，陶尔米纳。这个小村庄只是一个小小的景观，但其中的一切都能够让你的视觉、精神和想象尽情沉溺，享受其中。"法国作家莫泊桑的这段话足以证明陶尔米纳的不凡。

陶尔米纳坐落在意大利西西里岛陶尔山的半山腰间，是一个依山面海的中世纪古镇，一边是喷云吐雾的埃特纳活火山，一边是美得令人心醉的爱奥尼亚海，可谓"一半是海水，一半是火焰"。

传奇小镇

公元前 400 年，陶尔米纳曾是希腊的殖民地，公元前212 年又归罗马共和国管辖，几千年来几经易主，历经了磨难，同时也创造了多种文化元素，如巴洛克式、哥特式、拜占庭式、阿拉伯等文化元素融合在小镇的各个角落。小镇只有一条主街——翁贝托大道，街道并不宽阔，在它的两侧是

❖ 莫泊桑

莫泊桑（1850—1893 年），19世纪后半叶法国优秀的批判现实主义作家，被誉为"世界短篇小说之王"。代表作品有《项链》《漂亮朋友》《羊脂球》《我的叔叔于勒》等。他曾于 1885 年 4—6 月游览意大利的西西里岛，到达陶尔米纳后，被小镇的美景迷住了。

❖ 墨西拿门

墨西拿门是陶尔米纳最具代表的翁贝托大道的入口。

❖ 埃特纳火山

埃特纳火山位于意大利西西里岛东岸，海拔3323米，是欧洲最高的活火山，250万年前就已经是活火山了。

一些小教堂和布置温馨的小店。翁贝托大道中心有一座建于11世纪的圣尼可洛大教堂，它是西西里岛上最大的一座教堂，是由埃特纳火山的火山岩和锡拉库扎的白石灰岩修建而成的典型的巴洛克式建筑，教堂前的喷泉中央有一座建于1635年的半人马雕塑，据说是陶尔米纳的象征。翁贝托大道

小镇的中心是四月九日广场，广场坐拥海景，广场上有一座哥特式风格的奥古斯特教堂，侧面就是17世纪的圣约瑟夫教堂，还有一座高耸入云的12世纪钟楼。

❖ 古镇中的小教堂

❖ 四月九日广场

西西里岛的标志名叫三曲腿，中间的头是美杜莎。公元前8世纪，古希腊人占领西西里岛后，他们发现这座岛有3个明显的端点，分别是指向南方的Capu Pachinu、东方的Capu Peloru和北方的Capu Lilibeu。西西里岛的地形就是大概这样的三角形，这个三曲腿就成了西西里的象征。

❖ 古镇中随处可见西西里岛的标志

的终点是四月九日广场，据说是因庆祝加里波第从波旁王朝手中夺取西西里岛而得名。这里的中世纪房屋的窗户和阳台上都种满了鲜花，大部分房屋分布在陡峭升起的街道与阳光斑驳的四月九日广场周围。

如果说《西西里岛美丽传说》让很多人喜欢上了西西里岛，那么在陶尔米纳，仅仅需要1秒，就会让每个人喜欢并爱上这里。

主打"美食"与"美景"两大元素的慢综艺《中餐厅》的第三季就是在陶尔米纳拍摄的。

❖ 古希腊剧场的残垣

❖ 科尔瓦亚宫

科尔瓦亚宫位于翁贝托大道上，其建筑风格包含了阿拉伯、诺曼和哥特式等。

陶尔米纳与西西里岛一样，曾经被希腊人、古罗马人、拜占庭人、阿拉伯人、诺曼人、施瓦本人、西班牙人等先后统治过，小镇的建筑文化印证了这一切。

古希腊剧场遗址，石阶围成的观众席正好依山势渐高，背海的山崖修建成平台，也就是舞台。

古希腊剧场

陶尔米纳最高处有一座公元前 3 世纪罗马人所建的"古希腊剧场"，整座剧场是由山崖开凿而成的，其规模仅次于西西里岛上的叙拉古希腊剧场，由于建在崖壁上，从而成为世界上最有特色的希腊剧场。

整座古希腊剧场呈"U"形，犹如悬浮于海天之间的大盆，如今跨越了 2300 多年的沧桑，剧场很多地方变成了残垣断壁，但是中间的舞台依旧被修葺一新，成为戏剧表演或各种演出的场地，而且每年都会在此举办大型的陶尔米纳国际艺术节，舞台上会上演经典的意大利歌剧。

❖ 古希腊剧场的观众席

❖ 古希腊剧场

西西里岛最优美的风景

除了随处可见、略显沧桑的历史痕迹之外，陶尔米纳还有西西里岛最优美的风景——心形海滩。整个海滩周边分布着各种旅游纪念品、服装、书籍、糖果巧克力、陶瓷商店等，这些建筑沿着海岸环抱着两个小海湾，呈"M"形，而"M"的中间位置是一座可爱的心形岛（贝拉岛），这是西西里岛最负盛名的情侣打卡景点之一！

艺术家的摇篮

陶尔米纳充满了艺术魅力，曾吸引了歌德、王尔德、大仲马、莫泊桑等一大批大名鼎鼎的艺术家。18世纪时，歌德在他为时两年的意大利之旅期间来到了陶尔米纳，在这里，他迟迟不肯离去，赞叹陶尔米纳真是一个小天堂。20世纪时，一大批不被世人所理解的艺术家纷纷来到陶尔米纳，在极致美景中继续自己的艺术创作，陶尔米纳也逐渐吸引了更多的人前来找寻灵感，因此作家哈罗德·阿尔顿戏称这里为"罪恶之地"，是一个来了就走不了的地方。《碧海蓝天》《天堂电影院》《海王》等著名影视作品都曾在这里取景。

❖ 心形海滩

贝拉岛因心形的形状而广为人知，与其相连的两个小海湾也组成了一颗藏匿于海中的心。

西西里岛规模最大的古希腊剧场在叙拉古，在叙拉古古希腊剧场附近有很多古遗址，拥有丰富历史遗迹的叙拉古2005年被列为世界文化遗产。这里曾经是地中海上最显赫的城市之一，是地中海文明变迁的活化石，也是古希腊文明和古罗马文明交汇碰撞的地方。

布拉诺

七 彩 童 话 般 的 小 镇

　　布拉诺因独特的蕾丝与色彩斑斓的房子而闻名于世，全镇的房屋都被涂上了绚丽的色彩，显得异常美丽，被誉为"世界上色彩最丰富的地点"之一。乘坐贡多拉，在小镇中穿梭，让人仿佛穿越到了梦幻般的童话世界。

　　布拉诺离威尼斯只有不到 50 分钟的船程，是威尼斯的一座小岛，也是一个精致的彩色小镇，岛上居民几乎都是原住渔民的后代，当地的手工蕾丝和抽纱制品非常有名，是威尼斯的特色手工艺品。

色彩斑斓的房子

　　布拉诺并不大，被狭窄的小河（或者叫水道更确切）分割成多个区域，小镇上的家家户户都有当地特色的船只——

❖ 布拉诺色彩斑斓的房子

贡多拉，它在这里相当于我们的自行车或电瓶车一样，是日常出行工具。

游人可以乘坐贡多拉穿梭在布拉诺的小河之上，河岸两边到处是色彩斑斓的房子，清澈的小河蜿蜒流转，彩色房子的白色窗台上的花盆、海风中飘动的布帘、彩色的装饰物，都是房主亲自挑选或制作的，绝少有雷同的，这是小镇美景的一大特色。

潟湖上最热闹的小镇

布拉诺岛是威尼斯潟湖众多岛屿中最美丽的，从很远的地方就能看到小镇教堂的高塔。相比于潟湖中的其他岛屿，布拉诺岛是最热闹的。小岛不仅有如织的小河，还有一条贯穿整个小镇的大街，街道两旁同样是刷成五颜六色的房子，大多是一家挨一家的店铺，还有历史悠久的鱼市，露天的摊贩在这里售卖着各种鱼类。

❖ 作曲家巴达萨尔的雕像

布拉诺是著名威尼斯作曲家巴达萨尔的故乡，在小镇街道旁有一座纪念他的雕像。

❖ 小河边的彩色房子

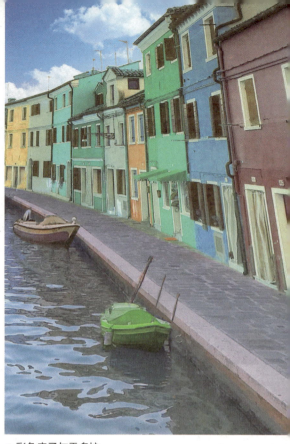

❖ 小河边的彩色房子

❖ 彩色房子与贡多拉

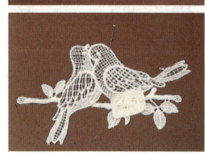

❖ 布拉诺蕾丝

最初只是为了辨识自家的房子

布拉诺的彩色房子是这里最大的亮点。据说古时候，威尼斯处于动荡年代，潟湖上的渔民会经常地迁移居住地，在潟湖这种复杂的水域，有时很难辨清位置，尤其是光线不好或者天黑的时候就更难分辨方向，于是，渔民们就在自己家的房子上涂上颜色或者做上醒目的标记，久而久之就成了习惯。

如今，虽然居民已无须经常迁移居所，这个习惯却被保留下来，因为在威尼斯主要靠船出行，每当有客到访的时候，在船上很难看清岸边的门牌号，所以在房子上涂色依旧是辨识房屋的最佳方式。当地政府为了吸引更多的游客来到布拉诺，规定居民们每年要刷一次房子的外墙。

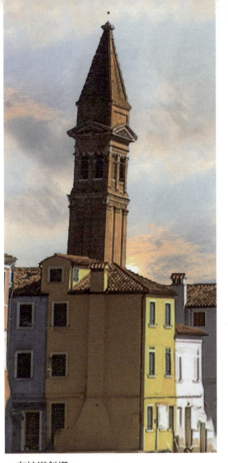

❖ 布拉诺斜塔

布拉诺标志性的建筑——斜塔。

❖ 伊丽莎白一世

伊丽莎白一世华丽的服饰上用了大量的布拉诺蕾丝。

布拉诺的特色手工艺

　　早在 16 世纪，布拉诺蕾丝就已成为欧洲各地皇室的御用品，如路易十五、维多利亚女王、玛丽皇后……他们奢华的礼服上都有布拉诺蕾丝。

　　传说古时候，这里的渔民出海后，妻子们为了慰藉思念，仿照渔网的样子，用棉线编织网状织物，并将其缀饰在衣服的边缘，后来经过不断地改进工艺，手艺代代相传，形成了华丽的布拉诺蕾丝。

　　布拉诺因蕾丝早早闻名于欧洲，与穆拉诺玻璃一起造就了威尼斯"手工之城"的美名。

　　色彩给了布拉诺耀眼的美丽，而蕾丝使布拉诺拥有了柔软而华丽的情怀，并让它拥有了"蕾丝岛"这个颇具诗意的名字。

约 5 世纪时，布拉诺即有人居住，但直到威尼斯成为繁荣的商业中心后，手工业才取代了渔业，以蕾丝织品为主的手工产品逐渐成为岛上居民收入的来源。

穆拉诺是威尼斯一座集中制作玻璃制品的小岛，有悠久的历史，以制造色彩斑斓的穆拉诺玻璃器皿而闻名于世，其拉丝热塑的工艺堪称一绝。

斯韦特洛戈尔斯克

"小欧洲"最文艺的一个小镇

　　加里宁格勒是俄罗斯最小的州，也是一块与俄罗斯本土完全割裂的飞地，紧邻波兰和立陶宛，有着与俄罗斯不同的风情，因此被称为俄罗斯独特的"小欧洲"。斯韦特洛戈尔斯克是"小欧洲"最文艺的一个小镇。

斯韦特洛戈尔斯克在苏联时期是达官显贵的疗养地，政府曾经给州书记们每人一套小别墅度假，它们现在看起来就是很普通的小平房，而且因为没人打理，早就破破烂烂的了。

这是斯韦特洛戈尔斯克最上镜的角度，也是常出现在加里宁格勒州各种宣传册上的画面。

❖ 小镇美景

　　斯韦特洛戈尔斯克是俄罗斯加里宁格勒州西北部的一个城市，位于萨姆兰半岛上，濒临波罗的海。

普鲁士风情小镇

　　斯韦特洛戈尔斯克离加里宁格勒市区不到40千米，是一个环境非常迷人的海滨小镇。这个沿海城镇曾是普鲁士人的原始居住地，于1258年建立城镇，属于普鲁士王国，后合并为德国领土的一部分，称作"Rauschen"。第二次世界大战

❖ **德国人留下的木桩**

在第二次世界大战前，斯韦特洛戈尔斯克是德国的领土。德国人为了防止海潮冲走沙子，在海岸隔不远就打下一组木桩，中间放上大石头拦住沙子。也有人说，这只是当时的小码头，上面的木板被海水冲跑了。

❖ 斯韦特洛戈尔斯克的标志性建筑

后，小镇随着整个加里宁格勒地区一起成了苏联领土。如今，整个小镇保存着大量古老而漂亮的阿尔萨斯风格的房屋，到处充满了文艺气息，很容易让人慢下脚步，融入当地人闲散的生活氛围中，让人忘记这是在俄罗斯境内的小镇。

海滨风景

斯韦特洛戈尔斯克的风景美得就像明信片，是加里宁格勒人最喜欢的海滨度假胜地。最早在19世纪的普鲁士王国时代，当时的德国精英和艺术家们就来到这个小镇的海边兴建豪宅，在此隐居。1840年，普鲁士国王腓特烈·威廉四世更是喜欢上了这个小镇，并扩建了海堤，形成了一个小镇的主要景点：喧嚣的通往波罗的海的无尽海景长廊。无尽海景长廊及周边的海滩风情、造型独特的海边小缆车、热闹非凡的海滨酒吧和可爱的微缩城堡，这一切都使斯韦特洛戈尔斯克的海滨风光更加迷人。

❖ 斯韦特洛戈尔斯克海边的小缆车

❖ 街边墙壁上的加里宁格勒
　州地图

斯韦特洛戈尔斯克就在地图的左上方太阳下面，有一条长长的沙坝，西面是波罗的海，北面和东面是立陶宛，南面是波兰。

库尔斯沙嘴

　　在斯韦特洛戈尔斯克海滨有一条很长的沙坝，朝东的沙坝连接立陶宛，朝西的沙坝连接波兰。连接立陶宛的沙坝叫作库尔斯沙嘴，两边都是波罗的海，因为地貌很奇特，被誉为"俄罗斯的一处世界遗产"。

　　库尔斯沙嘴有 100 多千米长，宽度只有 2 千米，好像一座长长的"岛屿"，成为库尔斯潟湖与波罗的海之间一道奇特但令人惊叹的屏障。整个库尔斯沙嘴深入波罗的海，漫长的沙滩上面覆盖着树林，狐狸、松鼠等各种野生小动物在森林里出没，有限的表面区域容纳了大量的自然美景，是一个不可多得的游玩打卡之地。

❖ 库尔斯沙嘴

兰迪德诺

《 爱 丽 丝 梦 游 仙 境 》 的 发 源 地

从地形上看，兰迪德诺类似一个半岛，三面环水，自然形成一个新月形海湾，中间靠北是一座山，依山傍湖，气候宜人，风光旖旎，无数次出现在威尔士的旅游宣传影片、明信片中。

兰迪德诺是一个临海小镇，位于英国威尔士的康威郡自治市内，濒临北大西洋，被称为"北威尔士的门户"，是英国少有的仍未被"现代城市发展污染"的城镇。

威尔士度假胜地之后

兰迪德诺曾是一个荒芜的滨海小村，1848 年，在利物浦的建筑师欧文·威廉姆斯的建议下，莫斯藤勋爵把这个村开

❖ 兰迪德诺的爱丽丝雕塑

❖ 兰迪德诺的兔子雕塑

利物浦是英格兰西北部港口城市，也是英格兰八大核心城市之一，人口约为 52 万人。利物浦是默西河畔都市郡的 5 个自治市之一。

❖《爱丽丝梦游仙境》电影剧照

《爱丽丝梦游仙境》讲述了一个叫爱丽丝的小女孩，因在梦中追逐一只兔子而掉进了兔子洞，开始了漫长而惊险的旅行，直到最后与扑克牌王后、国王发生顶撞，急得大叫一声，才大梦醒来。这部童话以神奇的幻想、风趣的语言、昂然的诗情突破了西欧传统儿童文学道德说教的刻板公式，此后被翻译成多种文字，传遍了全世界。

发成度假地，后来，利物浦及其周边城市的人们都跑过来看海，这里逐渐成为一个城镇。

兰迪德诺最早于 1864 年就被誉为"威尔士度假胜地之后"，成为英国王室以及欧洲各国王室的度假地，先后接待过伊丽莎白二世、查尔斯三世、拿破仑三世、罗马尼亚王后等王室成员，还有披头士乐队、查尔斯·达尔文、本杰明·迪斯雷利、格莱斯顿、丘吉尔等世界名人，是一个著名的令人惊叹的风景胜地，现已成为威尔士最大的海边度假地之一。

《爱丽丝梦游仙境》的发源地

兰迪德诺被称为"英国第二幸福的地方"，面积虽小，但五脏俱全，长长的主干道旁的商店琳琅满目，应有尽有，人们悠闲地随处走动着。当年英国牛津大学讲师刘易斯·卡罗尔来到兰迪德诺度假，被这里的美景深深吸引，从而产生了奇思妙想，获得了灵感，写出了一部脍炙人口的童话《爱丽丝梦游仙境》。如今，兰迪德诺更是将这个童话故事内容融入小镇的各个角落，使游客在街头巷尾的任何一个角落都有机会遇到童话里的人物雕像。

❖ 兰迪德诺的海滨长廊

兰迪德诺海湾及海滨长廊

兰迪德诺的主街是莫斯藤街，街道两边是一排维多利亚风格的商场、饭店、咖啡店、银行以及教堂和图书馆，沿着莫斯藤街一直走，就是兰迪德诺最有名的兰迪德诺海湾，其优美的弧度达 3.2 千米，环抱着连绵且广阔的砂岩海滩，海滩边有一条始建于 1878 年、700 多米长的海滨长廊，长廊与兰迪德诺之间被公路和花圃隔开，长廊的一端是码头，码头上有各种酒吧、咖啡店、商场、宾馆以及销售纪念品的商店。在长廊上还有一座剧院——北威尔士剧院，它的前身是维多利亚皇宫，这是海滨长廊乃至兰迪德诺的百年地标建筑，最早的历史能追溯至 1894 年，如今成为以歌剧制作、乐团演奏、冰演及哑剧的场所。

❖ 北威尔士剧院

❖ 登山电车

大欧姆山登山电车是世界上仅存的 3 处还以电缆拉动的电车之一，1902 年启用，沿山道往上，到顶峰为终点。顶峰设有综合馆，有餐厅、游客中心、酒馆及拉角子老虎机的小馆，也能远眺一望无际的景色。

登山缆车的出发点是快活谷，这是 1887 年莫斯藤勋爵为了庆祝维多利亚女王 50 岁生日而送给小镇的礼物。这里原来是一个采石场，后来被建成了花园、两个小型高尔夫球场、一个球穴区及露天剧场。露天剧场及高尔夫球场于 1987 年改建为人造滑雪场及雪橇道。

康威古堡位于康威小镇，从兰迪德诺出发，车程不到 30 分钟。

❖ 康威古堡

大欧姆山

　　大欧姆山是一座由石灰岩形成的、直接伸向大海的山脉（陆岬），山中有多种珍贵植物以及栖息于坑洞、平地、沿崖的候鸟。它曾经是青铜时代一个极其重要的铜矿场，如今已经废弃，建有一座铜矿博物馆，是兰迪德诺重要的旅游景点。山顶是欣赏整个兰迪德诺美景的最佳地点，可以选择有轨电车、缆车、骑车、自驾或者徒步到达，推荐有轨电车或缆车登顶，1902 年启用的大欧姆登山电车是世界上仅存的 3 处以电缆拉动的电车之一，乘坐它上山，可以感受到大欧姆山独特的动态之美、自然之美及浓厚的历史气息。

大欧姆铜矿为青铜时代一个极其重要的铜矿场。它于公元前 600 年废弃，1692 年重启，直至 19 世纪末关闭，20 世纪再度重启。

大欧姆山山顶是俯瞰整个兰迪德诺海湾的最佳地点，很多小镇的明信片都是从山顶的角度拍摄的。

❖ 在大欧姆山山顶俯瞰兰迪德诺海湾

昂蒂布

最 有 灵 魂 的 海 岸 小 镇

　　"在所有的海岸城镇当中，昂蒂布是唯一一个保留着自我灵魂的城市，只有在这里才让我产生归家的感觉。"这是英国小说家格雷厄姆·格林对昂蒂布的描述。

　　昂蒂布的全名为"昂蒂布-朱安雷宾"，是一个位于法国东南角的地中海沿岸市镇，面积 26.48 平方千米，与法国海滨城市尼斯相距 23 千米，与戛纳相距 10 千米，是法国著名的滨海旅游度假区。

> 昂蒂布是法国普罗旺斯－阿尔卑斯－蓝色海岸大区滨海阿尔卑斯省的一个市镇。

历史悠久的海滨古镇

　　昂蒂布是一个历史悠久的海滨古镇，古称"昂蒂波利"，最早的历史可追溯到公元前的腓尼基人时代，当时腓尼基人横行于地中海上，昂蒂布是腓尼基人在地中海沿岸所建立的贸易据点之一。后来被日渐强大的罗马帝国吞并，罗马帝国衰落之后，又被热那亚人

> 法国著名小说家莫泊桑来到昂蒂布后，被小镇的历史以及风景深深打动，获得了创作灵感，挥笔写成了他的小说《俊友》。

❖ 昂蒂布古城

❖ 美丽的昂蒂布

统治。1384 年，昂蒂布以及其沿海的堡垒落入夹在众多大国之间的摩洛哥的格里马尔迪家族手中。它先后依附于法国、西班牙、撒丁王国（意大利共和国前身），最后成为法国的一部分。

这里的古朴海港、城墙、城堡、堡垒、教堂、民宅、街道，都充满了浓郁的历史底蕴，曾吸引了毕加索、雨果、莫内等前来旅居创作。

❖ 格里马尔迪家族家徽

❖ 昂蒂布教堂

毕加索博物馆

昂蒂布具有典型的地中海式气候，冬暖夏凉，全年阳光灿烂，一年中超过 300 天是晴天，是法国蔚蓝海岸上的一座很有魅力的小城。

昂蒂布老城在岬角东北部，房子低矮密集，道路曲折狭窄，绿化非常好，所有的小路都通向海边。海边最醒目位置的建筑是格里马尔迪城堡，毕加索曾于 1946 年 9—11 月在昂蒂布居住，并以格里马尔迪城堡作为自己的画室，作为回报，他捐赠出自己在蔚蓝海岸生活时期的所有画作，包括 23 幅油画、44 幅素描，只有一个附加条件，那就是所有画作必须永远留在昂蒂布。格里马尔迪城堡如今成了毕加索博物馆，馆内收藏了毕加索的作品和他的大量藏品，在这里还能了解毕加索晚年在昂蒂布生活的细节。

在毕加索博物馆的城墙上、海边都有许多抽象的雕塑，与毕加索的画作一样，抽象得让人看不懂，却又似乎美到人的心坎里一样。

❖ 毕加索博物馆内的雕塑

❖ 毕加索博物馆

20 世纪时，毕加索在格里马尔迪城堡度过了他的晚年时光，并留下了在此期间创作的以及他收藏的马蒂斯、夏加尔等名家的大量作品，这座城堡后来成为毕加索博物馆。

❖ 具有典型南法风格的昂蒂布街巷

❖ 毕加索的作品《朱安雷宾风景》

❖ 保存在毕加索博物馆内的毕加索作品

毕加索博物馆不远处是一条长10多千米的海滨道，这是蓝色海岸最美的徒步小径之一，沿着海滨道可以欣赏昂蒂布古城与地中海风光交汇在一起的那种浪漫。

昂蒂布的冬季降雪极为罕见，平均气温大概为13℃。2008年11月25日，昂蒂布突降大雪，在这里的气候史上罕见。

❖ 卡雷要塞

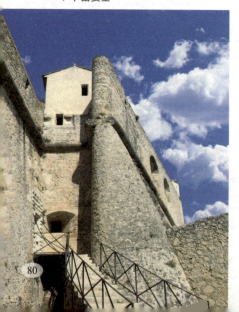

卡雷要塞

　　卡雷要塞又称为方堡，修建于1553—1585年，也曾属于格里马尔迪家族，拿破仑曾经被囚禁在这里。它位于沃邦港旁一块岩石的顶部，全部是由岩石垒砌而成的防御工事，险峻且扼守边境。如今还需要从山脚步行500米长的崎岖山路，才能到达要塞入口。随着昂蒂布割让给法国后，卡雷要塞因失去了战略地位而荒废，如今被重新修缮后对游客开放。

　　卡雷要塞是一个极佳的观景地点，可以鸟瞰昂蒂布的海港、海滩以及全部海岸线，也是到昂蒂布打卡的最佳角度之一。

法国最美的海岸线之一

　　昂蒂布三面被翡翠般的海水环绕，有长达23千米的海岸线，而且没有任何建筑物遮挡，堪称法国最美、最长的海岸线之一。沿岸有众多的海滩、海湾，海滩边布满了酒吧、咖啡馆、舞厅以及夜总会等，其中最有名的海滩要数兴起于19世纪末的朱安雷宾度假区，这里每年举办的朱安爵士音乐节是欧洲最古老的爵士音乐节，无数国际爵士史上著名的艺术家均在它的舞台表演过，因此有"欧洲爵士音乐节之父"的尊称。

❖ **海港边的字母人雕像**
字母人雕像是昂蒂布的网红打卡景点之一，它就静静地坐在海港边，面对地中海，在字母人雕像下面的标签上写着："这是一件艺术品，而这里没有监控，请不要攀爬。"

在海岸线另一面茂密的丛林之中，隐藏着世界各地名流的豪宅以及顶级奢华的酒店，每年戛纳电影节期间，此地的酒店都会举办盛大的晚会，给昂蒂布增添了不少时尚感和神秘感。此外，在海岸线上还有 5 个海港，其中包括被称为欧洲第一和世界第二游艇港的沃邦港。

昂蒂布位于地中海蔚蓝海岸边，蔚蓝海岸的海床倾斜度大，下降非常快，这样的地形使人们不用远离海滨就可以找到潜点，因此它也是法国著名的潜水胜地。

斑驳的古堡、浪漫的海滩、奢华的海港、浅黄色的老巷，橘色夕阳里夹杂着略带咸味的海风，空气中仿佛都氤氲着醉人的浪漫气息，这一切不仅让昂蒂布变得迷人，而且充满古典欧洲风范。

> 昂蒂布－朱安雷宾度假区是由美国人费兰克·贾古尔德投资兴建的，度假区奢华非凡却又品位不俗，吸引来众多名人，如美国著名歌星约瑟芬·贝克、电影大师卓别林、法国著名文学理论家兼评论家纪德、菲茨杰拉德、鲁道夫·瓦伦蒂诺、海明威和"美丽的奥特罗"等，都曾来过此地度假。

❖ **拿破仑**
1794 年"热月政变"发生后，持不同政见却尚未成为法兰西枭雄的拿破仑曾被短暂囚禁在沃邦港旁的方堡中。

> 昂蒂布东面的海滩边多为海港和城墙，中间的海岬则主要是岩石滩，西面的朱安雷宾海边大多是柔软的细沙滩。

位于法国蔚蓝海岸的沃邦港是地中海最大的游艇码头，在罗马帝国以前就已经投入使用，后由路易十四的军事工程师沃邦侯爵加固。城墙上有很多有意思的绘画，现在已经成为旅游景区。

❖ **沃邦港城墙**

卡达凯斯

　　这个集奇妙与梦幻于一身的地中海小镇，曾被绘画大师达利盛赞为西班牙最美的村庄，如今因精致文化之旅而成为一个旅游胜地。

　　卡达凯斯位于西班牙东北部，坐落于比利牛斯山区，紧邻法国的布列塔尼大区，在一处面对湛蓝地中海的陆地之上。

现代版的世外桃源

　　卡达凯斯是西班牙美丽海岸线上的最美小镇之一，如一颗璀璨夺目的珍珠镶嵌在深蓝色的地中海中。它是一个典型的西班牙渔港小镇，被茂密的橄榄树林环抱，有历史悠久的红瓦白墙的房子，还有古罗马人和阿拉伯人留下的城堡、教堂、修道院、浴室等。小镇外围是宽阔的沙滩，夏季阳光明媚，冬季湿润温和，四季气候宜人。这里远离城市的喧嚣，海滨多见名山奇石，像一个现代版的世外桃源。

❖ 绘画大师达利的雕塑　　❖ 沿海而建的卡达凯斯

艺术小镇

卡达凯斯的房子大多是白墙红瓦，而且围绕着圣母院教堂，显得素雅而有魅力，因此吸引了众多艺术家云集于此，如萨尔瓦多·达利、毕加索、安德烈·布勒东、保尔·艾吕雅等，成为西班牙一个有名的艺术品小镇。小镇的街头巷尾有大量的艺术品商店、画廊等，这更吸引、激发了艺术家们的热情，他们纷纷来到小镇创作。如今，这些画廊、画家都成为小镇旅游文化的重要组成部分。

达利博物馆

在画廊云集的卡达凯斯，有一栋标志性的建筑——达利博物馆，这里曾是绘画大师萨尔瓦多·达利的故居，这位大师一生中的许多重要时光都是在这里度过的。

❖ 圣母院教堂

圣母院教堂外部与周围其他的民居并没有太大的区别，但是内部却极显巴洛克风格的精美装饰。

一眼望去，尽是罗曼风格的白色，街道悠长，一直延伸到海边。

❖ 卡达凯斯的街道

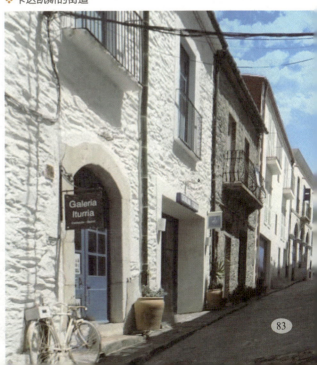

❖ 安德烈·布勒东

安德烈·布勒东（1896—1966年），法国作家及诗人，超现实主义的创始人。其最著名的作品是1924年编写的《超现实主义宣言》，他在其中将超现实主义定义为"纯粹的精神自动"。

❖ 临海而建的达利博物馆

卡达凯斯距离达利出生的费格拉斯只有30千米，年轻时的达利在卡达凯斯邂逅了至爱的妻子卡拉，从此便在这个小镇住了下来，并开始了他的创作生涯。成名后的达利更是将居所扩建改造，打造成一个艺术

萨尔瓦多·达利（1904—1989年），著名的西班牙画家，因为创作的超现实主义作品而闻名。

达利是一位具有非凡才能和想象力的艺术家，他的作品把怪异梦境般的形象与卓越的绘图技术、受文艺复兴大师影响的绘画技巧令人惊奇地混合在一起。

1982年，西班牙国王胡安·卡洛斯一世封他为普波尔侯爵，他与毕加索、马蒂斯一起被认为是20世纪最有代表性的3位画家，代表作品有《记忆的永恒》《一条安达鲁狗》。

保尔·艾吕雅（1895—1952年），法国当代杰出诗人。一生都在写诗和战斗，参加过达达运动和超现实主义运动，以及反法西斯斗争，代表作品有《兽与人，人与兽》。

❖ 保尔·艾吕雅

❖ 萨尔瓦多·达利

❖ 达利博物馆楼梯口的鸡蛋雕塑

达利很喜欢蛋的隐喻，认为它代表了创意的诞生。他的整座房子的很多角落都安置了完整的蛋或迸裂的蛋。

❖ 达利博物馆的鸡蛋形雕塑

达利博物馆的标志性景点就是这个鸡蛋雕塑。在博物馆内还有很多地方有鸡蛋的雕塑和鸡蛋造型。

在 1930—1982 年，除了西班牙内战时期的 12 年外，达利都是在这里度过的。这座建筑拥有数个白色的小烟囱和几个蛋形塔，这些元素都曾经出现在达利的画中。达利博物馆内有画室、雕刻室、手工房、工具房、颜料房，一应俱全。

天地，直到 1982 年卡拉去世，达利才离开了这个伤心之地。如今，达利故居被改造成达利博物馆，成为费格拉斯的那间著名的达利美术馆之外另一处可以纪念达利的地方。

如果你是达利的粉丝，一定不能错过这个小镇，因为这个小镇的每个角落都留下了他的足迹。街边一块不起眼的砖块、海边沙滩上的某一粒沙、火山岩礁石的某一个孔洞、海风无意吹动的海浪或白云，都或许曾是达利创作灵感的来源。

❖ 达利的作品：《记忆的永恒》

85

米哈斯

以 白 为 美 的 小 镇

　　米哈斯以白为美，整个小镇到处都是白色，使人犹如置身于唯美的风景画一般，被誉为"西班牙最漂亮的白色小镇"，是欧洲人公认的最受欢迎的旅游度假胜地之一。

❖ 米哈斯（Mijas）

　　米哈斯位于西班牙南部安达卢西亚省的太阳海岸山区，是一个洁白的小镇，在绿树环抱中俯视着地中海，同时也眺望着大海对面的非洲大陆。

历史悠久

　　米哈斯已有几千年历史，是一个典型的、充满地中海风格的纯白色小镇，被叫作白色小镇（是西班牙众多白色小镇之一）。小镇原本只是一个很小的渔村，先后经历了希腊人、罗马人、腓尼基人、哥特人的统治，在 7、8 世纪时，阿拉伯人越过直布罗陀海峡打败了当时的统治者哥特人，从而占据了伊比利亚半岛，从那以后，白色的建筑才逐渐成为当地的主流建筑，也才有了米哈斯。

❖ 白色小镇米哈斯

❖ 洁白的房子

❖ 小镇商铺的多彩墙壁装饰

小镇上的街道两边有很多精致的小商店，店里、店外的白墙上挂满了瓶瓶罐罐和鲜花装饰，既向游客展示了美丽商品，又装点了自家的门面，一举两得。小镇上到处都是鲜花，和白墙、蓝天构成了最纯正的地中海风情。

纯白色小镇

　　米哈斯被誉为"浪漫小镇"和西班牙"十大风情万种特色小镇"，它坐落在地中海边的一座海拔 428 米的山峦上。这里的白墙红瓦、连成片的低矮房屋和狭窄整齐的街道中到处点缀着装饰的花盆。整个镇子沿着坡度平缓的山麓展开，白色建筑物高低起伏，错落有致，显得格外洁白且优雅迷人。

西班牙的太阳海岸上有无数风情万种的村庄和或古朴、或奢华的城堡，还有一个个夺人眼球的白色小镇。这些白色小镇总是选址在最让人惊叹的奇妙位置，要么屹立于悬崖峭壁之上，要么隐秘在起伏的山谷中，宛如地中海边一串串散落的珍珠，千百年来任时光飞逝，依旧保持着旧时迷人的模样。因为太阳海岸沿线的小镇景色雷同，所以本书就不过多介绍了。

❖ 洁白的米哈斯教堂

❖ 米哈斯的山顶观景台

❖ 佩尔圣母礼拜堂

❖ 佩尔圣母礼拜堂内部

佩尔圣母礼拜堂于16世纪被修道士修建在山岩上凿出的洞窟中，供奉着小镇的守护圣母佩尔圣母像。这里最初是隐士修行的地方，虽然礼拜堂的外观有点破旧，与洁白的小镇格格不入，但是其却是一处祈祷之地和主要的婚礼场所，每年都有众多世界各地的情侣来此举办婚礼。

米哈斯又称为"驴城"，驴子是城市的标志，在镇中心广场上有一座毛驴铜像，小镇曾经的主要交通工具就是毛驴，如今已经被机动车取代，不过毛驴如今成为这里旅游观光的代步工具，是小镇的一大风景。

❖ 米哈斯毛驴铜像

米哈斯不大，乘坐当地的特色驴车1小时就可以转完主要街道。小镇最大的特色就是"白色"，每一处都充满了白色、浪漫的风情，随手一拍就是一张唯美的照片，吸引了世界各地的情侣来此蜜月旅行，希望能在这洁白氛围中获得最无瑕的爱情。

米哈斯海岸

米哈斯除了满目的洁白色之外，还保留了阿拉伯人留下的沧桑城墙遗迹和17世纪时的佩纳圣女的隐居处。在镇外山体的洞穴之中有著名的佩尔圣母礼拜堂，据说它早在16世纪时就已经存在了。此外，有一条小路可以直通山脚的米哈斯海岸，它是西班牙太阳海岸的组成部分之一，也是米哈斯最美的海滨风光带。站在山脚眺望，山上漫山遍野都是层层叠叠的白房子，在蓝天白云之下洒落在平缓山坡的绿草丛中，乍眼一看，像是四下散开的羊群，令人心旷神怡，浮想联翩！

维克

　　维克的黑沙滩黑得凛冽，在星空下宛如鬼魅，满眼黑沙仿佛神的怒火燃烧后的遗迹，人们一旦踏入这个神秘之地，便会不可避免地陷入迷醉中。

　　维克位于冰岛的最南端，距离冰岛首都雷克雅未克东南187千米，大约有4小时的车程，是一个安静而祥和的小镇。

黑沙滩

　　维克是一个只有600多名居民的小镇，掰掰手指都能数清楚小镇里的几条街道。镇上除了山坡上的红顶教堂外，没有其他值得称道的风景。小镇后面是一望无际的大海，海边便是大名鼎鼎的黑沙滩。黑沙滩真的很黑，黑得深邃、通透，有种一尘不染的神秘感。这是维克乃至冰岛最受欢迎的拍照打卡地之一，也是"全球十大最美丽的海滩"之一。

> 维克在冰岛语中是海湾的意思，冰岛有许多地方叫作"维克"，如雷克雅未克（维克）、凯夫拉维克、格林达维克、达尔维克等。

站在红顶教堂的山坡上，可以使红顶教堂、维克镇中心以及黑沙滩上的海中礁石同框出现。

❖ 维克全景

❖ 黑沙滩

夜色下的黑沙滩更显神秘和恐怖。

这里的洋面上矗立着一群黑色玄武岩柱，如同中国的笔架山一样，名叫雷尼德兰格海蚀柱。相传，它们本是巨怪，被阳光照耀后凝固成巨石，从此矗立于海上，被海浪冲刷，成为黑沙滩的一道网红打卡风景。

❖ 雷尼德兰格海蚀柱

黑沙滩源于海底火山爆发

黑沙滩因远古时期的一次海底火山爆发而形成，熔岩与海底的泥层被翻出地面，高温岩浆遇海水后迅速冷却，经海风和海浪千万年的侵蚀，大西洋岸边的岩壁被岁月蚀刻成一个个多棱的、悬竖着的柱体，它们整齐、有序地排列着，看上去与风琴有几分相似，故被称为风琴岩峭壁；有部分玄武岩则变成了玄武岩颗粒，最后变成今天绵绵不绝的黑沙滩。这些黑沙颗粒没有杂质，也没有淤泥尘土，捧起一把，满手乌黑，轻轻一抖，黑沙四散，手上却纤尘不染。

还有部分玄武岩在大自然的精心雕刻下形成岩柱群——雷尼德兰格海蚀柱，矗立在海边，相传它们本是巨怪，被阳光照耀后凝固成巨石，从此矗立于海上被海浪冲刷，与风琴岩峭壁一起成为维克黑沙滩的一道打卡风景。

外星题材影片的取景点

黑沙滩是纯黑色的沙地，沙子有点儿粗糙，但近海的地方沙子非常细，色泽乌黑且晶莹透亮，白浪涌逐沙滩，黑白分明，形成强力的反差。当狂风卷着暴雨排山倒海般扑向沙滩时，天地之间只剩一片茫茫的黑色和白色，仿佛世界末日，神秘又诱人，让每个看风景的人都觉得恐怖，这里也因此成为很多外星球题材影片的取景点。在黑沙滩美丽的背后又暗藏凶机，每年的旅游旺季，这里都有游客被海浪卷走，消失在一望无际的北大西洋中。在维克以及黑沙滩的醒目位置竖有游客警示牌，提醒人们千万不要靠近大海，以防不测。

维克除了有黑沙滩的神秘之美外，它与雷克雅未克之间由冰岛国家一号公路贯穿，沿途有火山、瀑布、河流、湖泊、冰川等，可以使人感受到大西洋的壮阔和渗到骨子里的浪漫，让人仿佛每一秒都置身于梦境中。

❖ **红顶教堂**
红顶教堂是维克的地标性建筑。

黑沙滩上最神奇的风景是一座风琴岩峭壁，又被称作玄武岩石墙，形如人为刻凿和拼接的大块岩石，呈棱柱形排列成风琴状，竖立在海浪之中，令人惊叹不已。

❖ **风琴岩峭壁**

胡萨维克

在冰岛有很多可以观鲸的地区，胡萨维克是其中最著名的、看到鲸的概率最大的地方，这里到处都有关于鲸的传说和文化。

胡萨维克是冰岛北部临斯乔尔万迪湾的一个美丽小镇，在雷克雅未克东北约48千米处，是冰岛第一个有人（挪威人）定居的地方。

鲸是小镇唯一的主题

胡萨维克是一个人口只有约2500人的小镇，是周围的小农场和养羊区的商贸市场和购物中心。不仅如此，小镇还有飞机场、渔港。

胡萨维克依山傍海，小船和木屋相互映衬，构成一幅多彩又舒心的油画。港口是小镇最热闹的地方，小镇中心是一座教堂，显得格外安详而宁静。

❖ 色彩斑斓的房屋

❖ 胡萨维克教堂

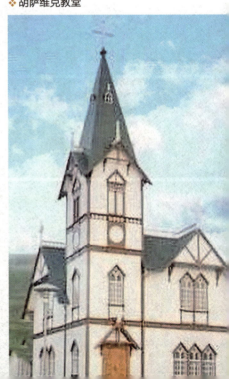

❖ 鲸鱼博物馆

❖ 胡萨维克处处都有鲸的设计

这里好似一个专门为鲸设计的小镇，无论是机场、渔港、街道、墙壁、地板都有关于鲸的设计：绘画、雕刻、各种手工艺术等，小镇的一切都围绕着鲸这个主题。

鲸鱼博物馆

胡萨维克的鲸元素无处不在，鲸鱼博物馆则是小镇最大的地标性建筑，从很远处就能看到鲸鱼博物馆外有巨幅的鲸招贴画。

❖ 鲸鱼博物馆的鲸标本

胡萨维克鲸鱼博物馆是世界上为数不多的鲸博物馆之一。博物馆展厅内展示着不同的鲸骨架、鲸照片和鲸的故事介绍。有一具巨大的座头鲸骨架悬吊在展厅之中，其庞大的身体令人震撼，据说这是世界上唯一一具完整的座头鲸骨架。每头鲸死后都会沉入大

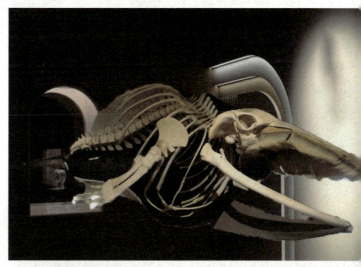

❖ 鲸鱼博物馆的鲸骨架

❖ 出海观鲸的码头

海，形成鲸落，哺育其他的海洋生物，有"一鲸落，万物生"的说法。

胡萨维克鲸鱼博物馆内除了与鲸相关的内容之外，还有各种海洋生物的展厅供游客欣赏，累了可以在咖啡店或图书馆中休息。

欧洲观鲸之都

胡萨维克所在的北冰洋海域的海湾中生活着大约 24 种鲸，最常见的有座头鲸、小须鲸、白色突吻海豚、鼠海豚等，是世界上公认的三大极佳观鲸地之一，观鲸成功率可高达 98%，因此被誉为"欧洲观鲸之都"。

胡萨维克最重要的旅游项目就是观鲸，而且去观鲸也很方便，小镇渔港内有很多观鲸船只，付费后船家就会载着你去北冰洋寻找鲸，即便不是观看鲸的季节，也无须担心看不到鲸，因为这些船家很有经验，能准确地找到最佳的观鲸点，甚至有机会近距离接近鲸。

胡萨维克还有一个私人的交通工具博物馆，馆内收藏了老馆主历经 30 年的藏品，这些藏品大部分出自冰岛本土。馆内有藏车 90 余辆，还有近百辆汽车露天存放。

❖ 跃出水面的鲸

费拉

　　圣托里尼岛是爱琴海中的一颗明珠，它的首府费拉更是一个童话般的梦幻小镇，在这里每走一步都是不同的风景，白房子群、蓝顶教堂、爱琴海……到处都是明信片般的画面。

　　费拉又称作锡拉，位于圣托里尼岛西部 400 米高的火山边缘，是该岛的首府，也是岛上最热闹的商业中心。电影《古墓丽影 2》曾在这里取景。

　　从远古时代开始，圣托里尼岛就有人类居住，而最早到达圣托里尼岛的是腓尼基人和多立安人，之后，这里就像其他希腊领土一样，成为罗马人、拜占庭人以及法兰克人的领地，1579 年岛屿的控制权落入奥斯曼人之手，直到 1912 年归希腊管辖，而作为首府的费拉见证了历史的一切。

圣托里尼岛虽然面积不大，却有 13 个村镇，每个村镇都依山傍海而建，房屋建在悬崖之上，没有完全相同的房屋，小镇弄巷曲折，每一处转角都有独到的惊喜，展现了希腊人创造性的智慧。

"圣托里尼" 是 13 世纪时威尼斯人所命名的。

圣托里尼岛上没有溪流，因此水源短缺。岛上虽有海水淡化厂，但是，岛民依旧会收集降到房顶和天井的雨水，甚至会从其他地方进口淡水。

费拉给人的感觉特别像我国的古镇商业街，到处都是卖东西的，还有各种品牌商店，而且这里会说汉语的人也特别多。

❖ 费拉的蓝白色建筑

❖ 白顶教堂

费拉除了蓝顶教堂外，还有白顶教堂、粉色教堂和黄色教堂，就像童话世界一样多彩。

❖ 费拉的巴士站

圣托里尼岛是世界十大结婚圣地之首，这里的游客大部分都是前来度蜜月的新人，超级浪漫！

圣托里尼当地政府允许毛驴作为交通工具，还有完善的管理规范，违章停驴也会被处罚。

圣托里尼有大大小小上千座蓝顶教堂，当然最多的还是在费拉和伊亚。

梦幻小镇

费拉是圣托里尼岛的中心小镇，也是圣托里尼岛的巴士中转站和岛上最热闹的小镇。不过整个镇规模很小，街道两旁是教堂、博物馆以及各式各样的商店。小镇房屋的墙全是白色的，屋顶是深蓝色的，沿着爱琴海的一面有无数的别墅、宾馆、咖啡店、酒吧、餐厅，与远处的天空、海洋浑然一体，就像是童话中描写的梦幻小镇一样。

❖ 圣托里尼蓝顶教堂

❖ 费拉一隅

❖ 费拉史前博物馆内的展品　　❖ 费拉史前博物馆

费拉的两个博物馆

费拉史前博物馆在镇子中心，位于公共汽车站附近，白色东正教费拉大教堂的东南角，修建在毁于 1956 年地震的教堂遗址上。费拉史前博物馆比其他建筑略高，博物馆收藏、展出了圣托里尼岛最早期人类的文物，其中最出名的就是阿科罗提利遗址出土的渔夫壁画和金色山羊雕像。

除了费拉史前博物馆之外，费拉还有一个圣托里尼考古博物馆。两个博物馆相距不远，圣托里尼考古博物馆大量展出了基克拉迪雕像和古希腊、古罗马风格的雕像，以及

史前时期指的是约 200 万年前到公元前 21 世纪这段时间。

❖ 渔夫壁画

❖ 金色山羊雕像

❖ 阿科罗提利遗址中的壁画

公元前约 1500 年，大规模的火山喷发将位于阿科罗提利的整座城市埋在了火山灰下，这反而起到了保护的作用，为现代考古学家留下了一笔"宝贵的财富"。

很多艺术珍品和价值连城的珠宝，其中也包括大量的阿科罗提利遗址出土的文物。

费拉的博物馆中展出的是圣托里尼岛的古代文明，博物馆外是蓝天、白云、大海融为一体的浪漫之城。这是一个既有浓重历史色彩，又充满轻松、浪漫气息的度假天堂。

❖ 阿科罗提利遗址

伊亚

很多人是从照片中海上那一轮美轮美奂的日落开始认识圣托里尼岛的，而这个让人惊叹的自然美景正是伊亚的日落，因此有"不到伊亚就等于没来过圣托里尼岛"的说法。

伊亚位于海边的悬崖上，是圣托里尼岛的第二大镇，也是岛上耀眼的明珠，被公认为全世界最佳观赏落日的地方。

伊亚的白色房子有独特的希腊风情，其丰富多彩的石板路和石板台阶同样透着爱琴海的味道，与墙面严谨到一丝不苟的纯白色截然不同。

圣托里尼岛最美的公路

从圣托里尼岛的中心镇费拉，有一条公路可直达伊亚，可选择坐出租车、公交车或徒步，还可以选择当地最具特点的交通工具——毛驴，公路沿途一边是层层相连、高低错落的白色房屋，另一边是蔚蓝色的大海，这是圣托里尼岛上最美的风景线，几乎集中了整座岛屿的全部精华和迷人风景。

圣托里尼岛居民的祖先曾在火山岩上挖洞来作为容身之所，到了现代，这种石洞屋也沿用下来，成为这里的一大特色，想要亲身感受圣托里尼岛的浪漫，一定要在白色的石洞屋中住上一晚。

❖ 伊亚美景

❖ 石洞屋

石洞屋是伊亚的典型建筑，利用自然留下的石洞进行改造，有着明亮的白色屋顶和蓝色窗户，这里也是看日落的人气景点。

❖ 伊亚镇内的艺术品店门口招牌

伊亚就好像北京的宋庄一样，是艺术家之村，许多小店里面的艺术品的艺术造诣都很高。这个店的招牌就是几个爬楼梯欲登天的人。

沿着伊亚主街一直走到尽头，可以看到当地的一个标志——大风车，大风车以前是用来磨粮食的，如今成为一家悬崖酒店，是当地的一处风景，据说也是不错的落日观赏点。

❖ 落日余晖：大风车

山顶石洞屋

伊亚的中央商业街拥有极具特色又精美的艺术品、工艺品、珠宝以及各种让人眼花缭乱的小东西，是游客购买纪念品的好去处。沿着石板路铺成的曲折小路走走，还能发现很多别致的景色。

不过，在伊亚最让游人感兴趣的是山顶石洞屋，这种被称为"鸟巢"的房屋，不再是原始的黄色穴洞，它们被当地人装修成白色门墙屋顶、蓝彩窗棂的房屋，门口或台阶上会摆上几盆红花，有鲜明的基克拉泽斯群岛的建筑风格。

❖ 伊亚落日后

最美的落日

　　伊亚被认为是全世界最佳观赏落日的地方，山顶拥有世界一流的别墅、悬崖酒店，每当太阳开始西斜，悬崖边白色房子的光影，开始随着阳光的变化而变化，成千上万的游客会自动聚集，在酒店的阳台上、岩石边、海边的教堂边，静静地欣赏着落日的余晖……

　　在太阳落下、余晖消失的那一瞬间，时间仿佛停滞，整个镇子突然变得宁静而安详。大家都被大自然的美景折服，所有人安静地送走夕阳的最后一抹余晖，然后会情不自禁地鼓掌。

　　伊亚的美难以言表，不是几张图片所能呈现的，只有身临其境才能获得更多的感受——那是一种无法用文字描述的感受。

　　如今，伊亚几乎是由豪华别墅、悬崖酒店组成的，每座悬崖酒店都具有自己独特的景观和理念，但在整体上又非常协调和高雅，让人感叹伊亚不愧是世界最美的海岛小镇之一，也许没有之一。

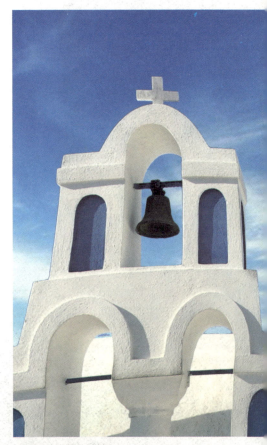

❖ 伊亚教堂前的钟楼

卡马里

卡马里拥有迷人的海滩风情，人们可以在这里肆无忌惮地欣赏湛蓝的海天，呼吸新鲜的空气，享受惬意的时光，让自己的心沉醉在美景中。

卡马里位于希腊圣托里尼岛东部，这里曾经是罗马帝国的海军要塞，如今却成了在圣托里尼岛享受爱琴海风情最主要、最热门的去处之一。

浪漫的不夜城

卡马里曾经是一个以农业和捕鱼业为主要产业的小镇。20 世纪中期的一场大地震，毁掉了卡马里及圣托里尼岛上的一切，也改变了这里人们的生活方式，卡马里利用海边的一处长方形黑沙滩大力发展旅游业。

卡马里在黑沙滩方圆 500 米内修建了几十家旅馆，从最高档的五星级酒店到民舍都有，黑沙滩周围还有商场、餐厅、咖啡吧、酒吧、纪念品店、运动用品店等。日落后的黑沙滩热闹非凡，路边的餐馆散发出诱人的烤鱼味，酒吧里传来劲爆的音乐，让人仿佛置身于一座浪漫的不夜城。和"贫瘠"的圣托里尼岛的红沙滩比起来，这里一片繁荣景象。

❖ 蓝白色的房屋

卡马里与圣托里尼岛的其他地方一样，整个小镇都以蓝白色的小房子为主。

❖ 黑色鹅卵石沙滩

❖ 看起来连水都是黑色的

黑沙滩

　　卡马里黑沙滩，顾名思义，特色是"黑"。圣托里尼岛的火山喷发后，比较重的熔浆冷却形成了黑色的火山石，经长期的海水打磨和风化，形成了无数大小不一的黑色鹅卵石，偶尔有些许白色和红色的石头掺杂其中。

　　卡马里不仅沙滩是黑色的，看起来连海水都是黑色的，黑得那么清澈、干净，给人一种沁入心扉的清凉感。

　　圣托里尼岛古名为希拉，后来为了纪念圣·爱莲而改名圣托里尼，它是由一群火山组成的岛环，圣托里尼岛环上最大的一座岛就是圣托里尼岛。

鹅卵石和海水有特色功效

　　卡马里黑沙滩上的鹅卵石和海水不仅黑得纯粹，行走在小鹅卵石沙滩上，让人有一种做脚底按摩般的舒服感。在太阳暴晒后，光着脚丫踩在沙滩上，更会有"痛并快乐着"的奇妙之感。

　　如果膝盖或其他关节部位等不舒服，可以拿几块鹅卵石放在疼痛部位，也可以躺在黑

❖ 卡马里黑沙滩

沙滩上晒日光浴，或者干脆将身体浸泡在海水中，据说这里的鹅卵石和海水不仅有美容作用，还有缓解关节炎、治疗风湿、皮肤病等效果。

❖ 卡马里黑沙滩上一处跳水悬崖

拥有爱琴海所有的风情

卡马里拥有爱琴海所有的风情，这里的海水清澈，非常适合游泳；平整的沙滩黝黑油亮，狭长的沙滩上竖着密密麻麻的稻草太阳伞，供游人休息时使用；很多人更喜欢戴着目镜，在烈日下直接趴着或躺在鹅卵石上，一动不动地享受烈日的烘烤。

圣托里尼曾是 3500 年前火山爆发最活跃的板块之一。

随着太阳西移，日近黄昏，沙滩上的人会越来越少，沙滩也会变得安静起来，大部分人会去沙滩边的酒吧或饭店享受圣托里尼式的夜生活，还有些人会一直躺在沙滩上，静待日落，细数满天星辰，期待流星的出现。

圣托里尼岛上的黑沙滩有很多处，比较有名的黑沙滩有卡马里和佩里萨两处。

卡马里的夜晚在黑沙滩的映衬下，好似开启了一道通往精灵魔都之门，显得格外的诱人。这里的海和天既像有边界，又像浑然一体，所有对它的赞美都显得那么苍白、多余。

❖ 沙滩上的稻草太阳伞

卡斯特罗

　　在希腊莫奈姆瓦夏海边有一座岩石山离岛，在岩石下方隐藏了一个名叫卡斯特罗的古镇，整个小镇原始古朴，只有一条窄窄的小道通往大陆，这个隐世之地被希腊人称为"最受钟爱的蜜月圣地"。

　　莫奈姆瓦夏位于伯罗奔尼撒半岛的东南端，是希腊拉科尼亚州的一个城市，卡斯特罗属于莫奈姆瓦夏城的老城区，建在一座高 300 米、全长 1.8 千米的海岛之上，更准确地说是一座巨大悬崖上，整个小镇好像雕刻在岩壁之间，与世隔绝，只有一个出口通往陆地，莫奈姆瓦夏也因此而得名，它在希腊语中就是"一个出口"的意思。

13—14 世纪是莫奈姆瓦夏的黄金时代，当时的卡斯特罗有 8000 多名居民，是拜占庭帝国的行政、宗教和金融中心，拜占庭帝国皇帝有时都住在卡斯特罗上城的古堡中。

新城和老城

　　莫奈姆瓦夏有 1400 多名居民，大部分住在格菲拉新城，而卡斯特罗的常住人口只有 20 人，最少的时候只有 8 人。

莫奈姆瓦夏当地最有名的酒是马尔瓦西亚葡萄酒，它用红、白两种葡萄酿制，味道甜美，是皇室与贵族餐桌上的佳酿，莎士比亚在《理查三世》中也曾提及。奥斯曼人占领这里后禁止生产，酿酒古法已经失传。

❖ 卡斯特罗的小教堂

❖ 卡斯特罗

❖ 新、老城之间由一座大桥相连

在最繁荣时期，卡斯特罗兴建了40多座教堂，后来在奥斯曼帝国统治时期，不少教堂被奥斯曼人毁掉或改成了清真寺。即便如此，在如今的古镇仍然可以不经意间就能邂逅教堂。

新城格菲拉和卡斯特罗之间有一座130米长的大桥和海堤相连。卡斯特罗的入口处有一座威尼斯风格的城门，城门外是格菲拉，城门内是卡斯特罗。

莫奈姆瓦夏扼守着地中海和黑海，早在公元8000年前就有人类在这座岩石岛上居住，公元6世纪，拜占庭人在岩石离岛这个弹丸之地上建立了卡斯特罗。

❖ 卡斯特罗的入口处

❖ 卡斯特罗的老房子

据说来莫奈姆瓦夏的希腊游客中 90% 都是情侣、新婚夫妇，他们喜欢在古老的历史遗址拍婚纱照，在岛上度蜜月。

上城和下城

卡斯特罗又分为上城和下城，下城在岩石脚下，多是平民居住区，小道上的鹅卵石被几千年的时光打磨得发亮，两旁有各种商店和铁匠铺等。在拜占庭帝国时期，这里最多的时候有 800 多间房屋，如今大多被修缮成了旅馆、小饭店、咖啡馆、纪念品小店等。

沿着崎岖的鹅卵石小道一直往山顶而去，虽说只有 200 米高，却非常耗费体力，到达山顶还要经过一道城门才能进入上城。上城建在悬崖绝壁之上，有"一夫当关、万夫莫开"的气势，据记载，上城在战乱时代曾保持了 40 年不败的纪录，因此有"不可能被攻破的城"之称。

据传说，当年法兰克人曾经出动大军围卡斯特罗的上城整整 3 年，双方打得筋疲力尽，直到城堡内弹尽粮绝，才勉强进行了和谈。

❖ 卡斯特罗上城

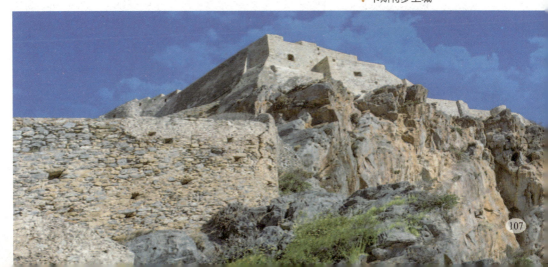

❖ 卡斯特罗部分未被修复的废墟

1911 年，最后一位居民离开后，卡斯特罗就被废弃了，只留下一些小屋和一座建于 13 世纪的美丽教堂。

位于上城的圣索菲亚教堂建于 12 世纪，是一座四方形的拜占庭式建筑，被认为是伊斯坦布尔圣索菲亚大教堂的缩小版。它是卡斯特罗的世界遗产之一。曾经被改成清真寺、天主教修道院等。

❖ 位于上城的圣索菲亚教堂

卡斯特罗曾经是一个重要港口和军事要塞，经历了西班牙人、法兰克人、拜占庭人、威尼斯人和奥斯曼人轮番征战后逐渐衰败，现在成为一个旅游胜地，颇受喜爱古迹的游客青睐，小镇中的古堡、鹅卵石小道、教堂、海滩、咖啡馆等让它成为许多年轻人心目中的爱琴海浪漫之地，因而有"最受钟爱的蜜月圣地"之称。

安加罗阿

最 神 秘 的 岛 上 的 唯 一 小 镇

复活节岛的巨人石像和奇异风情吸引了无数游客不远万里来到这里探索史前文明，安加罗阿则是开启复活节岛神秘之旅的第一站。

复活节岛位于南太平洋东部，现属智利共和国的瓦尔帕莱索地区。它的形状近似三角形，由 3 座火山组成，面积约为 162 平方千米，它离大陆和其他岛屿的距离都很远，离最近的有人居住的皮特开恩群岛有 2075 千米，是一座孤悬于太平洋上且有人居住的小岛，也是最与世隔绝的岛屿之一。

最早发现复活节岛的是英国航海家爱德华·戴维斯，他于 1686 年第一次登上这座小岛，将这里称为"悲惨与奇怪的土地"。

悠闲的安加罗阿

安加罗阿位于复活节岛西海岸的南部，是复活节岛上的唯一城镇。它的面积不大，仅有 3000 多名居民，

复活节岛的机场简陋、简单、简约，停机坪很小，仅能停留一架飞机，机场到安加罗阿大约有 10 分钟车程。

❖ 安加罗阿附近的小海湾

❖ 安加罗阿的天主教堂

但麻雀虽小，五脏俱全，小镇不远处有海港、机场，被认为是开启复活节岛神秘之旅的第一站。

安加罗阿仅有一条南北走向的街道（阿塔穆·特克纳），街道两边几乎集中了整座岛屿上的酒店、餐馆、商店、超市、手工艺品市场和各类服务场所。街道的尽头有一个广场，向左是港口，向右是镇上的天主教堂，教堂内有许多精致的雕塑。

❖ 天主教堂的雕塑

安加罗阿有蓝蓝的天、静谧的街道，一切都显得从容不迫，来到这里的人唯一的目的就是游览复活节岛，在小镇上逗留也仅仅是为了住宿、就餐和购买纪念品，因此，即使在旅游旺季，小镇也保持着悠闲的节奏。

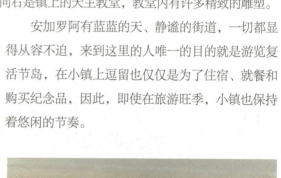

❖拉诺卡乌火山
复活节岛的拉诺卡乌火山边缘陡峭，脚下的路都是细碎的砂石，火山湖中央铺满南美洲独有的浮萍，明暗之下是沼泽，呼啸吹过的风让人有摇摇欲坠的错觉。

巨人石像之谜

复活节岛上最具神秘色彩的物品莫过于巨人石像（摩艾石像），全岛已知约有 887 尊巨人石像，其中 600 尊整齐地排列在海边。

巨人石像一般高 7~10 米，重约 90 吨，头较长，眼窝深，鼻子高，下巴突出，耳朵较长；它们没有脚，双臂垂在身躯两旁，双手放在肚皮上；有的石像还戴着用红色岩石刻成的帽子，有的石像身体上刻有奇怪的文身般的图案。这些石像有的竖立在草丛中，有的倒在地面上，有的竖在祭坛上。除此之外，还有比这些石像大一倍的石像，但它们多是半成品，被遗弃在石场中。

据考证，这些石像在公元 400 年就出现在岛上，但是岛上原住民的历史记载中并没有雕刻巨石的记录，而且石像的长相也不像当地人，那么这些巨人石像是谁？又是谁雕刻的？为什么雕刻呢？

当地人将这些石像称为"毛阿依"，石帽叫"普卡奥"，放石块的平台叫"阿胡"。

❖巨人石像

111

❖ 拉诺拉拉库

复活节岛的拉诺拉拉库山坡上散落着很多巨人石像，据说岛上的石像都是从这里运过去的。

位于复活节岛的阿胡通伽利基有一排15尊巨人石像，尽管高矮胖瘦都不尽相同，但个顶个的是啤酒肚，石像的手还收在小腹位置，捧着鼓鼓的肚皮，有的戴着帽子，有的没有戴帽子。这是复活节岛上的网红打卡之地。

❖ 阿胡通伽利基的巨人石像

难道是被包围了

复活节岛被最早的居民称为"拉帕努伊岛"或"赫布亚岛"，意即"世界之脐"。

1722年4月，荷兰探险家、海军上将雅各布·罗格文率领3艘战舰航行在南太平洋东部，他们在狂风巨浪中颠簸了数月之久。4月22日，他们在暮色中突然发现一座航海图上没有标记的岛屿。

罗格文在兴奋和好奇下，指挥船只向小岛靠去，然而，他们发现岛上黑压压地站立着一排排巨人，"难道是被包围了？"罗格文一行人疑惑了，"这些巨人怎么一动不动？"当再靠近一看，原来是数百尊硕大无比的巨人石像。

因为这一天正好是西方的复活节，所以罗格文把这座小岛命名为"复活节岛"，意思是"我主复活了的土地"。

朗戈朗戈木板之谜

复活节岛因巨人石像而闻名于世，此外，岛上还有无数不解之谜，如朗戈朗戈木板之谜。

　　"朗戈朗戈"是一种深褐色的浑圆木板，有些像木桨，上面刻满了一行行图案和文字符号：有长翅两头人；有钩喙、大眼、头两侧长角的两足动物；有螺纹、小船、蜥蜴、蛙、鱼、龟等幻想之物和真实之物。因宗教和战乱，"朗戈朗戈"如今几乎绝迹，而且岛上已找不到懂这种文字符号的人了。

　　专家们认为"朗戈朗戈"是"会说话的木头"，是揭开复活节岛古文明之谜的钥匙。

❖ 戴帽子的石像

石像戴上帽子被认为是一种权力的象征。

"朗戈朗戈"是在太平洋诸岛所见到的第一种文字遗迹，其符号与古埃及文相似。

❖ 朗戈朗戈木板拓片

❖ 鸟瞰复活节岛

鸟瞰复活节岛,其大大的火山口形如太平洋上的肚脐眼。

传说,古拉帕努伊人当年登陆复活节岛时,从原先居住的岛屿上搬来了5颗圆形滚石,象征着"我们搬家到这里啦",有祈福的寓意。然而,这么大的圆形并带有磁力的滚石,是如何制造和运来的?这也是岛上的一个未解之谜。

❖ 5颗有磁力的圆形滚石

"世界的肚脐"之谜

复活节岛的原住民们称该岛为"世界的肚脐",这个称呼是他们的祖先留下来的,可是他们为什么会用这么奇怪的名字来称呼这座岛屿呢?或许"世界的肚脐"不是指全岛,仅指岛上的火山口,那就没什么神秘之处了。后来,当人们乘坐飞机从复活节岛上空飞过时,才发现复活节岛孤悬在浩瀚的太平洋上,就如同一个小小的肚脐眼。问题是古人是如何能从高空鸟瞰到这个肚脐眼的?难道他们也能从高空鸟瞰到这座岛屿?

从生物天堂到荒无人烟

大约公元 400 年，拉帕努伊人漂流到复活节岛，这时的岛上是生物天堂，不仅有大片的棕榈树林，还有许多珍稀动物，远处海洋里有海豚和海鸟，刚移居到这里的拉帕努伊人无须劳作就能衣食无忧。

可随着人口增多，因为争夺资源，开始有了战争，甚至因为粮食不足，开始人吃人。公元 1500 年左右，岛上的森林开始消失，直到被罗格文发现时，复活节岛已然显得有些荒无人烟了。

后来，由于奴隶贸易的出现，复活节岛上的拉帕努伊人被殖民者俘虏贩卖，很快岛上仅存的 2000 多人也在 5 年之内，因贩卖、疾病、宗教迫害等，锐减到了 111 人。直到 19 世纪末，智利政府宣布占领复活节岛后，人口才开始增长到如今的 3000 多人，因此这里被称为"世界上最孤独的地方"一点儿也不为过。

❖ 鸟人村遗址

鸟人村位于复活节岛的西部，如今只剩下村落遗址，还有刻在石头上的文字。相传，古时候，每当选举首领的时候，岛上的各个部落都会聚集到海边的一个小村，派勇士去距离复活节岛不远的两座礁屿上取一枚鸟蛋回来，谁先取得鸟蛋回来，即可成为鸟人，也将是这座岛的统领。而这个聚集的小村就是鸟人村。

复活节岛的地面崎岖不平，覆盖着深厚的凝灰岩，海滩上多是岩石，悬崖峭壁遍地都是，岛上只有 3 个海滩，沙子非常干净。

关于巨人石像有一种说法：在古拉帕努伊时代，每一位酋长在临死之前都会命人用石头按照自己的模样雕刻一尊石像。待酋长死去后，部落的人会将雕刻好的石像竖立在埋葬着已逝酋长的土地之上——这就是巨人石像的作用。

卡波圣卢卡斯

隐藏在"地球的尽头"的古镇

卡波圣卢卡斯曾经很原始并与世隔绝，后来因"地之角"和"爱情滩"而闻名天下，这里的海水清澈湛蓝、怪石林立，恍如人间仙境。

卡波圣卢卡斯是墨西哥最受欢迎的度假胜地之一，也被称为"北美后花园"。古墨西哥人认为，"到了圣卢卡斯角，就到了地球的尽头"，而这个尽头即在卡波圣卢卡斯最东南端的极点海边。

> 下加利福尼亚半岛位于墨西哥西北部的墨西哥湾与太平洋之间。

到了圣卢卡斯角，就到了地球的尽头

下加利福尼亚半岛是世界上最狭长的大半岛，形如长长的手臂，它从墨西哥的西北角向东南延伸，全长1200余千米，因此有"墨西哥的瘦臂"之称。卡波圣卢卡斯就位于半

❖ 圣卢卡斯角美景

岛的最东南端，古墨西哥人由于交通和通信落后，要想从"瘦臂"最北端到达最东南端非常不易，因此，他们认为三面被太平洋包裹的圣卢卡斯角就是地球的尽头。

卡波圣卢卡斯

据说圣卢卡斯角在 1.4 万年前就有人类居住，但直至 20 世纪，当地的小渔村才发展成一个典型的海边小镇——卡波圣卢卡斯。

卡波圣卢卡斯不大，常住居民只有几万人，镇中心是广场，广场边有一座建于 16 世纪殖民时期的老教堂——圣卢卡斯教堂，据记载教堂曾经的占地面积庞大，现在剩下的只是原来的很小一部分。连接广场的街道上布满了各种画廊和工艺品商店，充满了艺术气息。

沿着小镇街道，可以直接走到圣卢卡斯港，港内一片繁华景象，停满了花花绿绿的帆船、豪华游艇，有的游艇上还停着直升机，奢华至极。

卡波圣卢卡斯因两处自然奇景而闻名天下：一处是被称为"太平洋之门"的圣卢卡斯角石拱，另一处是圣卢卡斯角爱情滩。

圣卢卡斯角石拱

圣卢卡斯角石拱又被称为"地之角"，是"地球的尽头"的重要标志。这是几块因下加利福尼亚半岛伸向大海的山体岩石，长年受海浪冲刷而形成的仁立于海上的巨大岩石，其中最大的岩石下方有一个被海水雕刻出的如拱门般的大洞。

❖ 镇中心的圣卢卡斯教堂

科尔特斯海又译为哥得斯海，是太平洋深入北美大陆的狭长边缘海。位于墨西哥西北部大陆和下加利福尼亚半岛之间，呈西北—东南走向，北窄南宽，形似喇叭。

❖ 圣卢卡斯角石拱

当地人认为这是一扇通往永恒的门，热恋的情侣们只要在"拱门"下彼此倾诉对爱情的忠贞，便可以获得永久的爱情。因此，当夕阳快要沉落于太平洋之下时，会有很多人来此祈求好运或者爱情。

太平洋的海水和科尔特斯海的海水在"拱门"处汇合，形成巨大的浪花和迷蒙的水雾，随风掀起冲向石拱，发出隆隆巨响，甚为壮观，"太平洋之门"由此得名。

圣卢卡斯角爱情滩

圣卢卡斯角爱情滩是一处位于圣卢卡斯角石拱和海岸之间的海滩，这片金黄色的海滩也是经过长年的海水冲刷而形成的。它的面积不是很大，南北最长的地方千余米，东西宽

圣卢卡斯角爱情滩是享受纯正日光浴的绝佳地方。

❖ 圣卢卡斯角爱情滩

❖ 鸟瞰圣卢卡斯角爱情滩

❖ 圣卢卡斯角奇怪的岩石

海中巨大的岩石中间有一条小缝，从缝隙中看过去就是一望无际的太平洋，看上去非常壮观。

圣卢卡斯角的水况复杂，很多不能下水的海滩都有警示标志。

❖ 海边警示牌

大约 500 米，南北两边被峭壁包围，东边是科尔特斯海，西边是太平洋。这里风浪很大，海滩东西两边的海水时常会同时扑打上海滩，融合后沁入海滩，就像情侣亲密接吻，因此而得名"爱情滩"。

❖ 圣卢卡斯角有巨石的海滩

神奇有魅力的地方

  卡波圣卢卡斯有一种神奇的魅力，除了有名的"地之角"和"爱情滩"之外，还有大大小小、密密麻麻的明礁暗道，海岸线上遍布众多被侵蚀和风化的岩洞和石孔。它因这种特殊的地形而曾经成为海盗们的天堂，海盗们将劫掠而来的财宝藏匿于岩洞中，让围剿的官兵束手无策。如今，这片海域已经没有了海盗，那些怪石和岩洞成了海鸟、海豹的栖息地。

  卡波圣卢卡斯有奇形怪状的岩石、美丽多变的海湾、柔软浪漫的爱情滩、多种多样的海洋生物，港口里停满了游艇，周围酒店、酒吧林立，不论是在港湾漫步还是在酒吧短暂休憩都会让人惊喜不已。在这里还可以进行各种各样的活动，如坐香蕉船、帆船运动、浮潜、风筝航海和骑马等。

在墨西哥，接受服务后要给小费。吃饭的账单上会写明建议小费为 10%~20%，一般给 10% 就够了。

❖ 停满游船的港口

❖ 港口的卡波（Cabo）标

120

萨马纳

萨马纳拥有玻璃般晶莹透亮的海水、无尽延伸的湛蓝天空、慵懒惬意的阳光和金色细腻的白沙滩，以涉水和冲浪海滩、自然徒步和观赏鲸著称，是加勒比海中的一颗璀璨明珠。

萨马纳位于多米尼加共和国的东北角由萨马纳半岛环抱而成的萨马纳湾内，这里有许多沙滩、热带雨林和椰树林，而且沿海还是座头鲸的繁殖地之一，是一个著名的旅游胜地。

旅游胜地

萨马纳不仅是一个渔村海港，被大西洋和加勒比海环绕，还是一个文化交融的地方，早期法国移民、非裔美国人、现代欧洲移民都留下了很多文化、建筑遗产，教堂、海港、商贸城、博物馆一应俱全，给人一种国际大都会的感觉。

多米尼加在西班牙语中的意思是"星期日、休息日"，据说哥伦布于15世纪末的一个星期日到此，故名多米尼加，其首都为圣多明各。多米尼加位于北美洲加勒比海伊斯帕尼奥拉岛东部，西接海地，南临加勒比海，北濒大西洋，东隔莫纳海峡与波多黎各相望。

萨马纳湾是古代西班牙商船沉船之地，许多国外打捞业者和研究人员在此地寻找沉船宝藏，截至目前，该地仍有多艘沉船待打捞。

❖ 萨马纳湾中的小岛

❖ 泰诺人博物馆内的泰诺人雕塑

萨马纳有一座泰诺人博物馆，介绍了泰诺印第安人的故事，以及他们与西班牙征服者的首次会面。

泰诺人隶属于阿拉瓦克人，是加勒比海地区的主要原住民之一。在15世纪后期欧洲人到达之前，是古巴、牙买加、伊斯帕尼奥拉岛（现在的海地和多米尼加共和国）、大安的列斯群岛中的波多黎各、小安的列斯群岛北部和巴哈马等地最主要的居民，在那里他们被称为卢卡亚人，他们所说的泰诺语属于阿拉瓦克语系之一。

❖ 潜水之地弗朗顿海滩

弗朗顿海滩是萨马纳许多海滩中的一个比较有特色的海滩。

弗朗顿海滩洁白干净，沙滩边有一座90米高、陡峭而垂直的山墙立于碧水之上，这里既可攀岩，也可潜水，是潜水者不错的选择。

萨马纳中的历史古街和萨马纳湾内的利凡塔多岛、国家森林公园、萨马纳山柠檬瀑布等风景，每一处都是为热爱旅游冒险的人们准备的，是旅游者的天堂。

❖ 萨马纳的教堂

这座木质教堂建于19世纪，是由获得自由后移民萨马纳的美国黑人奴隶所建造的。

122

❖ 里肯海滩

里肯海滩

里肯海滩位于萨马纳湾，萨马纳镇外有一条海洋大道可直达。它长 4.8 千米，以白色的沙滩、平静的海水和温柔的波浪而闻名，曾被《康泰纳仕旅行者》杂志列为"世界十佳海滩"之一。

里肯海滩是一处原始的海滩，尚未被开发，海滩的一边是平静的海水，另一边则是翻滚的海浪，适合人体冲浪。

❖ 利凡塔多岛

❖ 座头鲸

即便不是在座头鲸的洄游季，也可以去萨马纳的鲸博物馆参观，听取关于鲸的各种介绍。每年都会有 3 万多名来自世界各地的游客到此赏鲸。

海鸟天堂

从里肯海滩可划小船到达位于萨马纳湾中的利凡塔多岛，这是一座安静而避世的小岛。岛上有一个木板小码头，已腐朽不堪，只剩下几根木桩立于水上，成为军舰鸟、白鹭、褐鹈鹕和黄喙燕鸥歇息的地方。

萨马纳将绝大多数的美景都给了利凡塔多岛，岛上的海滩遍布苍绿植被，清澈莹绿的海水中能看得清鱼儿，海狮懒散地躺在岩石边，俨然成了海狮和水鸟的天堂。

世界最佳观鲸地之一

萨马纳湾被誉为座头鲸的乐园。1980 年，人们发现了洄游到此的北大西洋座头鲸，而且每年的北半球冬季（1 月下旬至 3 月中旬），约有 3000 头座头鲸从北大西洋迁移到这里交尾、生产、喂养小鲸，使这里成为座头鲸最大的聚集地点之一，同时被世界野生动物保护基金会誉为"世界最佳观鲸地"之一。

兰格尔

兰格尔拥有丰富的历史与自然资源，其中最著名的要数奇特的岩画海滩，它将兰格尔的神秘和历史文化完美地融为一体，成为阿拉斯加最迷人的风景之一。

兰格尔位于斯蒂金河河口旁，沿着杜威山而建，其周边冰川、高峰林立，是美国阿拉斯加历史最悠久的城镇，以及全球尚存面积最大的、未经雕饰的地区之一。

美国流传着这样一句话："在公路的尽头，你会找到荒野，在荒野的尽头，你会找到阿拉斯加！"

曾被 4 个国家统治过

兰格尔是阿拉斯加唯一一个曾被 4 个国家统治过的地方，在欧洲殖民者到达该地区之前，兰格尔已有数千年历史，它是特林吉特人的故乡。1741 年，俄罗斯探险家白令第一次发现阿拉斯加，很快俄国派兵征服了这里，阿拉斯加地区包括兰格尔在内都成了俄属北美殖民地。后来，由于阿拉斯加位于北美大陆西北端，人烟稀少，过于偏僻，俄国放弃了对此地的统治，英国与美国则相继占领了这里。

特林吉特人是生活在阿拉斯加的原住民，属于印第安人，他们居住在阿拉斯加东南部超过 1 万年，主要以渔猎为生，说阿塔巴斯卡语系的特林吉特语，有着极高的编织和雕刻技术。

❖ 特林吉特人的房屋

❖ 特林吉特人战士

早在 18 世纪，俄国就开始了向阿拉斯加的扩张，当时的特林吉特人身披铠甲与俄国人对抗。

历史气息浓厚

　　站在兰格尔中心的杜威山上，能够眺望到兰格尔的全貌和周围的水域美景。兰格尔的历史气息浓厚，小镇中散落着数十个古老的特林吉特人的图腾，还有特林吉特人生活以及战斗的痕迹；在兰格尔博物馆内还能找到俄国人于 1811 年开始在兰格尔做毛皮交易的记录……

　　除此之外，兰格尔还拥有众多的天然遗产，其中最有名的要数岩画海滩。

❖ 图腾柱子

特林吉特人的图腾为氏族的象征，作为偶像祭拜。图腾通常使用完整的原木，雕刻人面以及各种当地常见的动物。

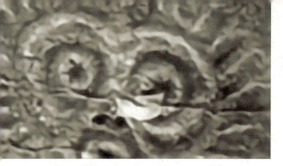

❖ 岩画海滩上的人面岩画

❖ 贺兰山的人面岩画

岩画海滩

岩画海滩散落着40多幅历史悠久的古岩画，这些古岩画的图案形状各异，有漩涡、鸟类、鲸和人脸等，有些图案在我国也曾有发现。这些岩画已经存在8000多年，赋予了岩画海滩异乎寻常的神秘气息。关于岩画海滩的岩画是如何形成的有多种说法，有的说是当地古部落人刻画上去的，也有的说是外来部落做的记号。如今，这里已经是岩画海滩国家历史公园的一部分，这些神奇的岩画被保护起来。

❖ 螺旋符号，宁夏中卫大麦地岩画

这种人面岩画，从北美洲西海岸到阿拉斯加、阿留申群岛，一直延伸到我国都有发现，相似度极高，科学家认为它们之间应该有着某种联系。

❖ 石头雕刻螺旋符号，原始人石刻

螺旋符号在全球各地都有发现石刻，或许这种符号是古时流行的符号，如今仍在世界各地流行，深受人们的喜爱。

卡梅尔

加 州 西 海 岸 的 童 话 小 镇

卡梅尔是一个独特的文艺小镇，碧海蓝天、鲜花礁石，随处可见的松鼠、海鸟、海豹、悬崖峭壁、古老的松柏，构成了一幅迷人的画卷。

> 蒙特利湾沿岸，尤其是 17 哩路沿线有许多富人们的别墅、庭院、高档住宅、草地以及高尔夫球场等。

美国的蒙特利湾是著名的海景胜地，著名的美国加州 1 号公路最美丽的地段——17 哩路即是其位于蒙特利湾的一段公路，而卡梅尔小镇就在 17 哩路的终点往北不远处。

海滨文艺小镇

> 卡梅尔如今仍禁止张贴广告、装霓虹灯和盖快餐店，以便维持原貌。

卡梅尔位于距旧金山以南约两小时车程的蒙特利半岛，是蒙特利湾内一个精致的文艺小镇。

卡梅尔建于 20 世纪初期，以"艺术家、诗人和作家的卡梅尔"而闻名，许多风格独特的艺术家和作家住在这个依山面海、充满波希米亚风情的小城市中。我国著名国画大师张大千 1969 年曾居住在此，称其居所为"可以居"，

❖ 蒙特利湾美景

❖ 充满文艺气息的卡梅尔

卡梅尔并不大，被称为艺术小镇，现今居住着4000多居民，随处可见充满文艺气息的商店和小旅店等。

❖ 17哩路路标

17哩路是全美9条收费的私有道路之一，也是密西西比河以西唯一一条收费的私有道路。

后又在旁边购置一处稍大的居所，取"筚路蓝缕，以启山林"之意，命名为"环筚庵"，其晚期大量的画作都是在这里完成的；出演过《廊桥遗梦》，执导过《百万美元宝贝》《萨利机长》等多部电影的美国著名演员、导演克林特·伊斯特伍德就曾出任过卡梅尔的镇长；就连爱因斯坦都曾在这个小镇定居过，在这里常常可以看到他戴着墨镜、穿着印花T恤、拿着冲浪板的调皮形象。

❖ 17哩路沿岸美景

❖ 卡梅尔海滩

卡梅尔海滩

卡梅尔的早期居民中 90% 是专业艺术家，其中著名作家兼演员佩里·纽伯里和著名演员兼导演克林特·伊斯特伍德都先后出任过卡梅尔的镇长。

　　沿卡梅尔的主街向西走到尽头，就是 17 哩路海滨上独一无二的美丽海滩——卡梅尔海滩，它像一颗美丽、深邃的蓝色宝石，镶嵌在加州 1 号公路绵延不断的海岸线上，被誉为"美国最适合海滨度假的海滩"之一。

　　卡梅尔海滩面向海浪汹涌的西太平洋，异常宽阔，沙滩洁白且沙子细软。人们不仅可以在沙滩上晒太阳、玩沙滩排球等，还可以勇敢地在澎湃的海中冲浪、玩刺激的水上运动等，这一切无不显得那么和谐，那么让人沉醉！

张大千（1899—1983 年），中国泼墨画家、书法家，四川内江人，祖籍广东省番禺，1899 年 5 月 10 日出生于四川省内江市市中区城郊安良里的一个书香门第的家庭。20 世纪 50 年代，张大千游历世界，获得巨大的国际声誉，被西方艺坛赞为"东方之笔"，又被称为"临摹天下名画最多的画家"。他在美国生活的 10 年均居住于卡梅尔。

❖ 张大千

1986 年，著名演员兼导演克林特·伊斯特伍德以 72.5% 的得票率成为卡梅尔的镇长。卡梅尔只有 4000 多的人口，伊斯特伍德在两年的任期中，每月的工资为 200 美元。

❖ 克林特·伊斯特伍德

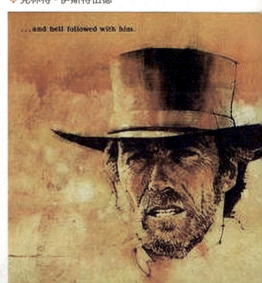

哈纳

哈纳被认为是夏威夷最后一块没有遭到人为破坏的土地，小镇中有马克·吐温笔下的"天堂之路"——哈纳之路，是领略茂宜岛美丽自然风光的绝佳自驾游路线。

哈纳位于美国夏威夷茂宜岛崎岖不平的东海岸，沿着茂宜岛著名的哈纳之路前行到中段，便可以来到这个安逸舒适的小镇。

❖ 通往哈纳的指示牌

哈纳很小

哈纳的常住居民不到 2000 人，在镇中心，以充满夏威夷地域风情的古代茅草屋为中心形成一个广场，街道沿着广场向外辐射，道路两旁散布着一些古迹和商店。沿着镇中心的街道一直走，就可以走到哈纳海滩，这里是一个不错的家庭度假之地，常常有人烧烤，还有小孩在沙滩上追逐玩耍。哈纳海滩角落灯塔处是一个不错的游泳和潜水之地。

哈纳公路有一些地段极其凶险，当地租车公司会限制通行，也有一段公路非常平缓，几乎没有任何危险，驾驶舒适度极高。

❖ 哈纳公路的"U"形弯

❖ 哈纳公路沿途的瀑布

在哈纳公路上并不是一直驾驶，沿途遇到美景后可以停车欣赏，有山林、瀑布、海滩、洞穴等，每一处风景都会让人有意想不到的收获。

❖ 哈纳公路美景

哈纳公路上既没有加油站，也没有像样的商店，所以出发前需要准备好食物并加满足够的汽车用油。

哈纳之路

　　茂宜岛是夏威夷群岛中的第二大岛，也是夏威夷群岛中仅次于欧胡岛的第二个热门旅游地。不过岛上没有什么公共交通工具，最适合的出行方式就是租车自驾游，哈纳之路就是这里的一条绝佳的自驾游路线。

　　哈纳之路全长差不多 105 千米，沿途遍布热带山谷、高耸的悬崖、茂盛雨林、飞流瀑布和池潭。全程停停走走需要耗时一天，大约有 620 个弯道，而且大多是"U"形急弯，此外还有 57 座单行桥，被誉为"世界十大最危险公路"之一，也曾被美国《国家地理》杂志评为"全球最美的公路"之一，马克·吐温更是直接称赞它为"天堂之路"。

❖《侏罗纪公园》的取景地

哈纳公路中途这座海边的山崖曾经是电影《侏罗纪公园》的取景地之一。

拉海纳

慢　节　奏　生　活

拉海纳是夏威夷群岛中的异类，它曾因捕鲸而繁华，是夏威夷保留历史遗迹最多的地方，也是一个偏僻且悠闲的慢节奏小镇。

拉海纳这个词在夏威夷原住民语中意为"无情的太阳"。拉海纳位于夏威夷茂宜岛西部，沿海湾、海港而建，是茂宜岛上最大的镇，也是整个夏威夷群岛中最有历史和文化味道的小镇。

❖ 拉海纳

历史遗迹众多

拉海纳在历史上一直是茂宜岛酋长及高阶首领们的居住地，1810年，夏威夷大岛的卡美哈梅哈二世统一了整个夏威夷群岛后，非常喜欢拉海纳并将此作为居住地，因此，拉海纳一直是夏威夷王朝事实上的首都（直到 1845 年迁都檀香山）。在夏威夷群岛统一后不久，基督教传教士来到了这里，并在拉海纳盖了第一座石头教堂，随后出现了第一所教会学校、第一台印刷机等。

19 世纪 40 年代，拉海纳是整个太平洋地区最重要的捕鲸港，每年有数百艘捕鲸船从港口出海。水手医院、教堂、水手客栈、舞厅和酒吧围绕着港口接连开张，小镇逐渐延伸开去。19 世纪 60 年代，捕

❖ 拉海纳海边

133

2023 年 8 月茂宜岛大火使拉海纳受损严重，小镇几乎被付之一炬，差不多所有建筑都被摧毁，需要数年时间才可能使这个美丽的海边小镇恢复原样。

鲸业开始衰败。10 年后，蔗糖业成为这里的支柱产业，直到 20 世纪 60 年代被旅游业所取代。

漫步在拉海纳街头，仿佛在欣赏一座露天的博物馆，著名的前街有几十个画廊和各具特色的商店、餐馆。走在拉海纳的历史小径上，那个捕鲸年代的气息仿佛依稀存在。沿路有美国水手医院、拓荒者客栈、中国和日本的寺庙，还有很多具有上百年历史的老房子。

大榕树

大榕树是拉海纳的标志性景点，这棵将近 19 米高的榕树枝繁叶茂，覆盖了整个榕树广场，是全美国最大的榕树。

大榕树的历史可以追溯到 1873 年 4 月 24 日，为了纪念新教传教团"Protestant Mission"成立 50 周年，当地警察专门种植了这棵起源于印度的榕树。

如今，大榕树成为当地居民和游客休闲避暑的好去处，尤其是在阳光强烈的时候，大量的小商贩和居民聚集在大榕树下休闲、纳凉。

这是夏威夷的第一座灯塔，在 1840 年由国王卡美哈梅哈三世建立，用来给捕鲸归来的船只导航，当时是用鲸油照明的。1905 年灯塔重建，1916 年交给美国海岸防卫队使用。

❖ 夏威夷的第一座灯塔

❖ 拉海纳街道

老拉海纳法院大楼

老拉海纳法院大楼也被称为拉海纳行政旧址遗迹，在大榕树旁。

在捕鲸业鼎盛时期，拉海纳聚集了世界各地的捕鲸者，在给小镇带来繁荣的同时，也给小镇带来了暴力和走私等不法活动，因此当局建立了海关、法院和监狱，来维持小镇的安定。

老拉海纳法院大楼建于 1859 年，这里原本被用来建造卡美哈梅哈三世的宫殿，因为卡美哈梅哈三世喜欢睡在附近的茅草屋顶的房子中，所以宫殿迟迟没有完工。1858 年，宫殿遭遇强风暴后被摧毁，随后在废墟中重建了这栋大楼，作为法院、海关、邮局以及其他政府机构的办公地点。1898 年，美国就是在这栋大楼里签署协议，正式接管了夏威夷群岛。

如今，这栋大楼被列为美国国家级的历史遗迹，一楼是游客中心和纪念品商店，二楼是展示夏威夷历史文化的博物馆。

❖ 老拉海纳法院大楼

全世界唯一一家临海而建的奥特莱斯就在拉海纳海边，这里是游客购物的天堂。

和兴会馆

和兴会馆位于拉海纳一处不起眼的地方，它是一座与中国人关系紧密的百年地标建筑，曾是茂宜岛华人交流聚会、娱乐和传承中华文化的地方，也曾是孙中山奋斗过的地方，当初孙中山在哥哥孙眉的全力支持下，从夏威夷出发，将革命之火带到中华大地。

第二次世界大战后，和兴会馆没落，如今经过当地政府的修复，成了一座历史博物馆，里面展出很多珍贵的历史照片、柚木药柜和道教神龛。

❖ 和兴会馆

赫曼努斯

南 非 著 名 的 观 鲸 小 镇

赫曼努斯是一个能与鲸一同嬉戏的地方，人们能在这里近距离观看露脊鲸，还能欣赏座头鲸、虎鲸的迷人身姿。在毫无干扰的情况下，看着成千头鲸从眼前游过，是一种令人震撼的体验。

赫曼努斯地处大西洋和印度洋交汇处，是南非西开普省南海岸的一个小镇，离真正的非洲大陆最南端——厄加勒斯角很近，以"世界最佳陆地观鲸地"而闻名。

赫曼努斯距离开普敦东面海滨约 120 千米，它风景优美，干净整洁，房舍色彩鲜艳，令人赏心悦目。从漫步旅行到品尝美酒，从欣赏海景到享受美食（尤其是鲍鱼和龙虾），一切在南非与旅行有关的事情，几乎都可以在赫曼努斯实现。它是南非一个著名的旅游胜地，特别是在每年的"鲸鱼节"期间，许多游客会慕名而来，一睹鲸的风采。

南露脊鲸每年都会离开漫天冰雪的猎食地——南极洲，迁徙至气候温暖的地区交配繁殖。

❖ 赫曼努斯美景

❖ 跃出海面的露脊鲸

❖ 水中的露脊鲸

露脊鲸有地球上最庞大的身躯，脾气却很温顺，它们以海洋中的浮游生物为食，从不互相残杀，更不像鲨鱼和虎鲸那样残暴。

陆地观鲸胜地

赫曼努斯海域生物资源丰富，海洋中有很多顶级猎食者，如鲨鱼、海豚、虎鲸和须鲸。其中最有名的要数须鲸家族中的南露脊鲸，每年的5—11月，数千头约60吨重的南露脊鲸会离开冰天雪地的南极，来到温暖的南非，在离赫曼努斯海岸仅数米的海湾进行交配、繁殖。这个时候，在赫曼努斯的海岸上能听到鲸的声音，因此成就了赫曼努斯陆地观鲸胜地的美名。

❖ 赫曼努斯观鲸步道

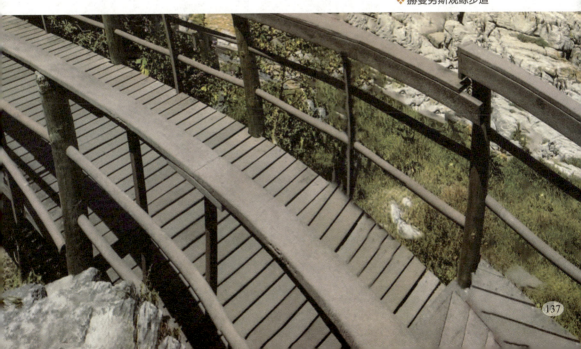

❖ 蹄兔

蹄兔为陆栖或树栖的小型兽类，因有蹄状趾甲而得名。它们喜欢嚷叫，又名啼兔。在赫曼努斯海边步道上行走时，经常会看到步道边的岩石或者草木丛中会有悠闲的蹄兔出没。

观鲸设施完善

　　赫曼努斯因观鲸活动而发展起来，有众多酒店和各种商店，还有专门售卖鲸纪念品的商店。在小镇海岸线上有专门的步道，步道边有当地艺术家创作的艺术作品和各种雕塑，步道上观鲸设施齐全，有长椅，望远镜、遮阳伞等。赫曼努斯还设有专职的"报鲸人"，这是世界上唯一的"报鲸人"，当他发现有鲸在海湾出没时，就会吹响用海草制成的独特号角，实时提醒观鲸爱好者前往观鲸点。

　　游客除了可以在悬崖上观鲸外，还可以乘船到大海里观鲸，期间要保持安静，否则会吓跑鲸。

❖ 海岸边的雕塑

❖ 赫曼努斯海岸美景

拉穆

拉穆拥有丰富而灿烂的历史，是多种文化的交汇之地，曾经是一个辉煌的海洋贸易港，如今则是一个颇有特色的旅游胜地。

拉穆位于肯尼亚东南部滨海省印度洋边的拉穆岛上，是拉穆郡的首府，它是肯尼亚最古老的居住城镇，也是东非最古老、保存最完整的斯瓦希里人聚居地。

悠久的历史

12 世纪前后，日渐繁荣的东非海洋贸易把这个安静的小镇推上历史舞台。随着阿拉伯人和波斯商人的到来，拉穆逐渐成为东非重要的商品贸易港和奴隶贸易港。15 世纪时，郑和下西洋来到肯尼亚，第一个登陆的地方就是拉穆岛。现在的拉穆博物馆里还陈列着中国古瓷、纺织品、交椅和手动面条机。拉穆还是中国古代海上丝绸之路的重要一站，是中国陶瓷在东非的集散地，被当地人称作中国古瓷器的仓库，"中国拉穆"即是当地人对中国瓷器的称谓。

在 19 世纪阿曼苏丹统治时期，拉穆因象牙和奴隶贸易达到繁荣的顶峰。后来随着奴隶贸易被废除以及殖民者对经济的打压，拉穆逐渐沉寂，如今因旅游业而逐渐发展。

比尔·盖茨为了更好地欣赏拉穆美景，在拉穆岛对面的非洲大陆买了土地，盖了别墅。

斯瓦希里是非洲东部地区跨界民族，属黑、白混血种人，即尼格罗人与欧罗巴人的混合类型，主要由沿海地带及桑给巴尔岛、奔巴岛、马菲亚岛的班图人和纪元后陆续迁来的印度尼西亚人、印巴人、阿拉伯人、波斯人等长期混血而成，并含有大湖地区内陆班图人的成分。

拉穆岛蔚蓝色的海湾、绿色的丛林与白色的建筑群，编织成一幅清丽无比的图画，无论蓝、绿、白都是那样一种透彻的、纯净的、闪闪发光的颜色，美得让人晕眩。

❖ 美得发光的小岛

古镇特色建筑

拉穆是非洲斯瓦希里文化的发源地，这里大多数建筑的历史都能追溯到中世纪，至今保存得十分完好。拉穆的建筑材料取自当地，包括墙壁用的珊瑚石、支撑木门用的红树林柱子，以及雕刻复杂的百叶窗。许多19世纪的大官邸仍然存在，使房屋变得雅致的新雕刻门、复杂的珊瑚制品以及硬木家具在这个岛上仍然能找到。

村落、拉穆要塞、斯瓦希里民居博物馆和驴子收容所都是值得游客参观的地方。

❖ **拉穆要塞**
拉穆要塞位于拉穆最热闹的地带，曾被作为监狱使用，如今是图书馆。要塞的露台可以俯瞰整座老城。

❖ **拉穆博物馆内的中国瓷器**
拉穆博物馆有两层，外加楼顶露台，一楼是各种家具、古董，二楼有一个婚礼展区，详细地介绍了婚礼前前后后的风俗。

驴岛：岛上每家每户都有驴

阿拉伯人、葡萄牙人、英国人和中国人很早就来过这里，其中影响拉穆最深的是阿拉伯人。阿拉伯人不仅给拉穆带来了伊斯兰文明，还把毛驴带到了这里。人们用毛驴运货、载重，骑毛驴穿越迷宫般的小巷。毛驴成了当地人的好帮手，是拉穆岛上唯一的陆地交通工具。现在的拉穆岛以"驴镇、驴岛"而闻名于世，岛上每家每户都有毛驴，只有 1.7 万名居民的小岛上有 6000 多头毛驴。

毛驴成了拉穆岛的吉祥物，岛上有专门给毛驴看病的免费医院（也是驴子收容所），毛驴在拉穆岛上享受着极高的地位和待遇。

❖ **面朝大海的大炮**
离拉穆博物馆门口不远处有两尊大炮，是曾经对抗葡萄牙侵略时留下的。

早期，阿拉伯人将伊斯兰文化带到了这座岛上，现在这座岛上的大部分人信仰伊斯兰教。

❖ 拉穆岛清真寺

斯瓦希里民居博物馆的这堵墙是拉穆岛上历史最悠久的一堵墙，有 500 多年历史了，上面还有石刻的花样。

❖ 有 500 多年历史的墙

❖ 拉穆岛上的驴子收容所

当驴子生病了，老了，有问题了，都会送到这里，各种治疗都是免费的。

逛迷宫一般的小巷

拉穆的小巷很有特色，除了海边的一条道路稍宽一点，几乎没有其他像样的道路，都是只容两人并排行走的小巷。每条小巷隔几米就会有一块凹进去的空地，让人们在搬运货物时互相避让。这里的小巷很深，而且很曲折，巷子两旁的墙壁、大门各有不同，每家都有独特的设计。当一个人在狭窄、弯曲的小巷漫步时，珊瑚硬质岩墙、木质地板、红树干、茅草屋顶以及错综复杂的百叶窗，深藏在巷子里的外国人的院落，迎面而来疾走的毛驴，这些无处不在的奇景都让人惊奇不已。

为了让小孩在房子墙壁上涂鸦，并起到美化墙壁的作用，拉穆当地人在墙壁中镶嵌了珊瑚。

拉穆是一个适合旅游的地方，这里不仅居民友善，还是肯尼亚唯一没有犯罪记录的地方。

❖ 拉穆小巷中精致的门

塔马兰

与 海 豚 一 起 畅 游

人们通常只能在海洋馆或动物园中接触到海豚，然而，在塔马兰，不仅可以和海豚一起在海面上追逐打闹，还可以触碰、抚摸它们。

塔马兰位于毛里求斯西岸，这里高山环绕，景色十分优美，有金黄色的海滩、蔚蓝的大海、温暖的阳光，充满了热带地区的魅力。

毛里求斯是非洲的一颗明珠，马克·吐温曾说："毛里求斯是天堂的故乡，因为天堂是仿照毛里求斯这个小岛而打造出来的。"

因海豚湾而出名

毛里求斯发现海豚已有 10 多年的历史，海豚最常出没在 3 个海湾：绢毛猴湾、黑里维埃尔湾和南部的黎明海湾。绢毛猴湾也就是海豚湾，它位于塔马兰，是毛里求斯最出名的海豚出没点，遇见海豚的概率最高，数量也最多。塔马兰也因海豚湾而出名。

毛里求斯岛被珊瑚礁环绕，这算得上是大自然赋予的天然屏障，它把鲨鱼等凶猛的海洋动物挡在近海之外，同时也把暗藏危机的深海隔开。

与海豚一起畅游

海豚是人类最喜欢的海洋生物之一，也是世界上最聪明的动物之一，对人类非常友善。

海豚湾岸边的潜水区域的水位刚刚没过腰间，适合浮潜，深水区域有海豚和鲸出没。

塔马兰海滩上停着许多出海的快艇和双体船，相比之下，双体船更舒适，船上可以烧烤和晒太阳。而快艇则速度更快，可以尾随海豚而行。

❖ 塔马兰海滩

❖ 海滩快艇

❖ 海豚湾美景

海豚湾的海豚大致分为两种：一种是小型的宽吻海豚，它们的游速很快，据说可达每小时 5~11 千米，最快可达到每小时 35 千米。它们常常集体活动，数量较多。还有一种是大型的宽吻海豚，身体接近黑色，只有三五只一起活动。

海豚湾是世界上近距离接触宽吻海豚的绝佳之处。

每天上午的 9 点半到 10 点，海豚湾的海域会出现大量的野生海豚，它们在海面上起起伏伏，或晒太阳，或寻觅食物，或嬉戏、跳跃，那场面绝对不同于海洋馆或动物园中看到的，很壮观。

此时，可以坐在快艇上乘风破浪，跟随海豚的去向，追寻海豚的身影，享受与海豚竞逐的乐趣。还可以直接跳下海去，与海豚一起畅游，"共浴"在大海中，经历一生难忘的刺激体验。

❖ 海豚湾跃出海面的海豚

七彩土

　　海豚湾是绢毛猴河的出海口，沿着绢毛猴河而上，在塔马兰的夏马尔村不远处一个密林中，有世间独一无二的奇观——七彩土，这是火山爆发时喷出的岩浆氧化后发生化学变化，又在强烈阳光照射下而形成的，红、黄、紫、橙等颜色的泥土层次分明，形状像一座波浪纹小山，中间隆起，与东、西两边的山坡相接，南、北两侧的缓坡伸向平地，就好像一道道彩色的水流奔向两边的丛林。如今，这里已经开发成一个封闭式的小公园，是到毛里求斯旅游时必到的景点之一。

塔马兰瀑布

　　塔马兰瀑布（也被称作夏马尔瀑布）离七彩土三四千米，是毛里求斯落差最大的瀑布，瀑布一共有 7 条（也有人认为是 11 条），从上方凸出的岩石和山的间隙直冲而下，落差达 293 米的水流如同水帘洞前的水幕一般。虽然水幕后面没有洞穴，但是最下方有一处深潭。站在深潭中，让飞流直下的瀑布冲击身体，如同天然的按摩一般；也可以在深潭中洗澡、戏水；或者攀爬上瀑布的源头——山顶，透过四周茂密的植被，远眺海豚湾美丽的海岸线，这便是在塔马兰所能享受到的最别样的体验。

❖ 七彩土

毛里求斯是世界上罕见的同时拥有 7 种不同颜色泥土的地区之一。

据当地人介绍，即使是把山坡上不同颜色的土翻耕，混合在一起，只要经过几场大雨，山坡上的七彩土又会恢复原状。

❖ 塔马兰瀑布

145

楠迪

斐 济 的 天 堂

来到斐济的人不禁会感叹："天堂也不过如此景色。"到了楠迪后才知道，原来斐济的天堂在这里。

维提岛又名美地来雾岛，是大洋洲南太平洋岛国斐济共和国的主岛，也是最大及最重要的岛屿，面积 10 429 平方千米，人口约 37 万人。岛上最重要的两个城镇是苏瓦和楠迪。

楠迪位于南太平洋岛国斐济共和国维提岛的西部沿海，是斐济第二大岛镇，也是斐济最重要的交通枢纽，可以从这里前往斐济的各旅游景点。

萨布拉马尼亚湿婆神庙

从斐济首都苏瓦市坐车去楠迪，大概要花 4 小时，沿途会路过知名的印度教寺庙——萨布拉马尼亚湿婆神庙。

最早到达斐济的欧洲人是荷兰航海家塔斯曼，他于 1643 年到达斐济。19 世纪上半叶，欧洲人开始移入，1874 年沦为英国殖民地，1970 年 10 月 10 日独立。

萨布拉马尼亚湿婆神庙是斐济最大的，也是南半球规模最大的印度教神庙。这座神庙在建筑学上来说是非常玄妙的，它由印度教神像、加尼什寺和湿婆神庙组成，展现了斐济闻名于世的独特岛国文化，更是传统的太平洋岛国的一个历史缩影，同时也表现了斐济人民的智慧。

斐济坐落在南太平洋，环绕着维提岛的中心有 332 座岛屿，如同汪洋中散落的群星，大部分岛屿是从 1.5 亿年前开始形成的，美拉尼西亚人和波利尼西亚人作为第一批海洋漂流者，首先在公元前 2000 年定居于此。

❖ 斐济美景：孤悬于海中的小岛

❖ 丹娜努岛美景

丹娜努岛是维提岛的附属岛，距离楠迪20分钟船程，它距离楠迪机场很近，且拥有绝美海景，是一个高档度假村、国际五星级酒店的聚集地，喜来登度假村、希尔顿酒店、威斯汀水疗度假酒店等都在这里安营扎寨。

丹娜努岛有斐济最美的海滩和白沙，这里的每家酒店、度假村都有私家海滩，并且潜水、游泳、垂钓等各种水上活动设施齐全，在这里无须踏出酒店，就可以享受美好假期。

❖ 萨布拉马尼亚湿婆神庙

原始部落纳瓦拉

楠迪不大，只有一条大街，不过很有特色，商城、免税店和餐厅很集中，吃饭、逛街、买些特色纪念品，半天时间就够了。

❖ 纳瓦拉

❖ 瓦路路海滩边的草丛

据传，在瓦路路海滩还有很多很私密的草丛，尤其是深夜，很多情侣会在那里过夜，当地人则称之为草窝旅社（Para Motel，在斐济语中，Para 就是草窝的意思）。

楠迪有一个地方不能不去感受一下：从楠迪徒步 2 小时的山路，在一个山谷内有一个很小的村落纳瓦拉，整个村落大部分的建筑依旧是传统的草屋。它是维提岛目前仅存的唯一一个原始部落，进入这里时不要戴太阳镜和帽子，以示对当地人的尊重与礼貌。同时绝对不可触碰当地人的头部，这是一大禁忌。纳瓦拉及其周围以古朴天然的原始美而闻名，它位于斐济腹地的小山顶之上，景色壮观。

瓦路路海滩

楠迪不远处有维提岛最热闹、最有名的瓦路路海滩（WAILOALOA）。斐济语中"Wai"表示沙滩，"LOALOA"则是黑色，所以这个海滩应该叫作黑沙滩。不过，瓦路路海滩并不那么黑，只能算不那么白。据当地人介绍，这个海滩的沙粒中含有大量蓝鱼的粪便，所以才不那么白。

瓦路路海滩的沙粒虽然不是很白，但是却很细腻，不管是在海滩上奔跑，还是躺在海滩上休憩，都会让人觉得无比惬意。海滩延伸入海，海水清澈见底，蓝色的海水由浅变深，没有受到一丝污染，水下有各种珊瑚和鱼类，是一个绝佳的潜水胜地。

在楠迪 8 千米外有一个国际机场，能起降波音 747-400 型飞机，是南太地区的航空枢纽。

这是楠迪唯一的公众海滩，有很多背包客客栈，海滩上有酒吧。

❖ 瓦路路海滩

此外，瓦路路海滩还很适合野营，等到太阳落山后，一切归于平静，在海滩上架起烧烤架，和朋友们一起围着火堆烧烤，简直是一种绝佳享受。

仙女港

　　"仙女港"这个古老的海港小镇，仅听名字就给人一种粉嫩的感觉，让人不由自主地倾心，甚至连英国的戴安娜王妃当年访问澳大利亚时，也因被"粉嫩"的它诱惑而在此度假。

　　仙女港也叫费里港，是一个位于澳大利亚维多利亚州西部莫恩河下游入海处的旅游小镇，距离大洋路西 100 千米左右，鲜有游客来此游览，显得宁静而安详。

古老的港湾

　　仙女港所处的位置是一个古老的港湾，它便在这个接近完美的"C"形湾的西边。1828 年，一艘捕鲸船在海上遇到了风暴，船员们被狂风巨浪拍晕在船舱内，捕鲸船失去了控制，在风浪中摇摇欲坠。第二天，船员们在阳光的照耀下清醒了过来，发现船只搁浅在一个如同童话世界的海湾中，因此，船员们给这个海湾起了一个温馨可爱的名字——仙女港。从此，这里便成了捕鲸者躲避风暴的港湾，并于 1843 年在莫恩河入海口建立小镇。

大洋路是为纪念参加第一次世界大战的士兵修建的，位于澳大利亚维多利亚州令人惊艳的西南海岸线上，坐拥不可思议的风景，是全球最美的自驾线路之一。

❖ 鸟瞰仙女港

149

❖ 仙女港海湾美景

澳大利亚在 19 世纪晚期发现黄金后，人们从世界各地如狂潮般涌来，掀起了自美国旧金山之后的又一次"淘金热"，并由此催生了如今澳大利亚的第二大城市墨尔本（别名新金山）。仙女港也因此而变得繁华。

1849 年，美国加利福尼亚州的"淘金热"传播到了全世界，点燃了维多利亚州人对黄金的狂热，仙女港因为独特的地理位置，也因这股"淘金热"而开始热闹起来，成了捕鲸和淘金的重要港口。如今，虽然"淘金热"已成过去，捕鲸也被政府限制，不过，仙女港依旧是维多利亚州最大的捕鱼船队的母港之一。

著名的旅游胜地

仙女港已经不是当年"淘金热"时繁忙的货运港口了，其因仙境般风光旖旎的海湾而成为澳大利亚著名的旅游胜地。

❖ 仙女港的石砌教堂

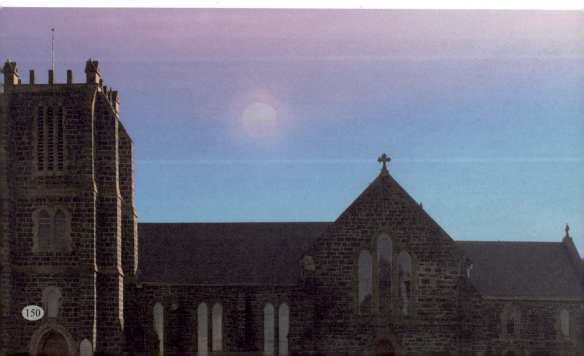

❖ 格里菲斯岛环岛步道

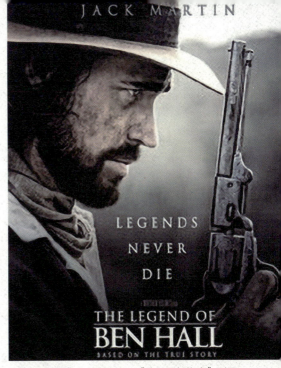

JACK MARTIN

LEGENDS NEVER DIE

THE LEGEND OF
BEN HALL
BASED ON THE TRUE STORY

❖ "丛林土匪"本·霍尔——《本·霍尔传奇》剧照

在狂热的淘金年代，澳大利亚大名鼎鼎的"丛林土匪"本·霍尔曾在仙女港神出鬼没。本·霍尔是澳大利亚最下层的贫苦百姓，专门劫掠那些有钱人，当地百姓并不仇恨霍尔，反而认为他是一个传奇。

仙女港并不大，但是却显得比较宽敞，整个小镇仅有两条主要街道：一条街道连接仙女港东边的海湾和南边的海滩，另一条主要街道是格里菲斯街，由小镇通往东南方向的格里菲斯岛。

小镇各个角落都遗留了历史的痕迹，街道两旁整齐地排列着以 19 世纪的传统木建筑为主的建筑，以及高大的松树和古老的石砌教堂。

仙女港每年都会定期举办一次为期 3 天的仙女港民间艺术节。在节日期间，演员们从全国乃至世界各地赶来参加演出，成千上万的人也如同潮水般涌来观摩，为的是一睹澳大利亚"童年时期"各种类型民间音乐的精彩演出。

❖ 鸟瞰格里菲斯岛

❖ 格里菲斯岛上的灯塔

白色的格里菲斯岛上的灯塔，有红色的顶，看起来更加温馨可爱，这是仙女港最热门的网红打卡点。

格里菲斯岛上的沙袋鼠见惯了游客，一点儿都不会害怕或者躲避人类，反而会停下脚步，观察游客，大有将游客当风景的意思。因此，有些华人将沙袋鼠喊作"傻袋鼠"。

❖ 沙袋鼠

❖ 格里菲斯岛黑天鹅

格里菲斯岛

沿着格里菲斯街一直朝着东南方向走到尽头，就是小镇最有名的风景地格里菲斯岛，它是一座被黑色火山岩环绕的离岛，与仙女港之间有堤坝相连。在小岛的沙丘上、丛林中，有沙袋鼠、短尾剪嘴鸥、黑天鹅、海豹，还有黑色的剪水鹱等。小岛沿岸有环岛步道，可徒步，很容易就能近距离欣赏到这些野生动物。

此外，格里菲斯岛还有柔软的沙滩和可爱的灯塔，这里和仙女港海滩适合冲浪、乘摩托艇、游泳等海上活动，是当地人以及欧美游客最喜欢的度假地之一。